RUBÉN HERCE (ur.)

SPOZNAVATI NJEGA IN SEBE

OSEBNA MOLITEV:
KRAJ SREČEVANJA Z BOGOM, KI NAM JE BLIZU

opusdei.org

KAZALO

PREDGOVOR

»Molitev je zagon, je klicanje, ki presega nas same: nekaj, kar se rodi v globini naše osebnosti in pride na plan, ker čuti hrepenenje po srečanju. To hrepenenje je [...] več kot potreba: je pot. Molitev je glas nekega *jaza*, ki tiplje, ki tipajoč išče neki *ti*. Srečanja *jaz-ti* ni mogoče doseči s pomočjo izračunov: to je človeško srečanje in marsikdaj tipaje hodimo naprej, da bi našli tisti *ti*, ki ga išče naš *jaz*.«[1]

S temi besedami papež Frančišek povzema ključno misel, ki jo najdemo pri mnogih duhovnih avtorjih vseh časov. Molitev ni le potreba človeškega srca – to vsekakor je –, ampak je tudi ljubeč dialog, ki gradi odnos ljubezni. In ta odnos je prisoten v samem temelju našega bivanja: je nekaj predhodnega in brez njega težko razumemo, kdo smo in katero je naše poslanstvo na zemlji. Zavedanje, da sem božji otrok, je temeljnega pomena za vstopanje v molitev, za hojo po tej poti skupaj z Jezusom; on sam je pot k novemu življenju v Bogu. Sveti Jožefmarija je to razložil takole: »Pisal si mi: 'Moliti pomeni govoriti

---

[1] Frančišek, Kateheze o molitvi, 13. 5. 2020.

z Bogom. Ampak, o čem?' – O čem? O Njem, o tebi: veselje, žalost, uspehi, porazi, plemenita hrepenenja, vsakodnevne skrbi … slabosti! Zahvale in prošnje, ljubezen in zadoščevanje. Z dvema besedama: spoznavati Njega in sebe. Biti z Njim!«[2] Molitev goji odnos z Bogom Očetom, Bogom Sinom in Bogom Svetim Duhom ter nas tako poistoveti s Kristusom. Zato je več kot potreba: je pot, po kateri moramo hoditi, »da bi imeli življenje in ga imeli v izobilju« (Jn 10,10).

»Včasih se premišljevalne molitve naveličamo, ker morda preveliko vlogo pripisujemo prizadevanju volje. Zamišljamo si 'idealno molitev' brez raztresenosti, brez skrbi, brez spontanih vzgibov srca in čutnosti ter pričakujemo 'rezultate'. Kontemplacija ni razmišljanje o Bogu, je zavedanje, da smo pred Nekom, ki je navzoč: preprosta intuicija njegove pričujočnosti, ki izhaja iz ljubezni. To pomeni govoriti, marsikdaj tudi brez besed. Zavedati se veselja, da smo božji otroci,

---

[2] Sv. Jožefmarija, *Pot*, št. 91.

Nekatera najbolj znana dela svetega Jožefmarija (*Pot, Brazda, Kovačnica, Jezus prihaja mimo, Božji prijatelji, Sveti rožni venec, Križev pot, Pogovori*) so v tej knjigi citirana le z navedbo avtorja in naslova. Podatki o teh publikacijah so na voljo na spletni strani www.escrivaworks.org skupaj s celotnim besedilom v španščini in slovenščini. Kadar je naslovu dela dodana oznaka »zgodovinsko-kritična izdaja«, se to nanaša na ustrezen zvezek *Zbranih del* Jožefmarija Escrivája, izdanih pri založbi Rialp. Besedila njegovih nagovorov in pridig, ki še niso bila objavljena v *Zbranih delih*, so opremljena s podatkom, kje se nahajajo v Splošnem arhivu Prelature (AGP).

čutiti se brezpogojno ljubljene, vpričo Njega motriti naše težave pri prizadevanju za dobro ravnanje in naše omejitve, obnoviti naše zaupanje in predanost njegovim rokam, spremljati ga kakor Simon Peter, čeprav je ta zaspal. Zreti vse na tak način in v vsem videti Gospodovo voljo.«[3]

V tej knjigi je zbranih dvanajst prispevkov dvanajstih avtorjev, ki tvorijo načrt poti notranje molitve, da bi po njej hodili skupaj z Jezusom in mogli zreti Boga v svojem običajnem življenju. Namen tega dela je pripomoči k srečanju z Njim, ki nas ljubi od vekomaj, da bi to srečanje preoblikovalo naša življenja in nam omogočilo obroditi sad, ki je sicer zunaj našega dosega, vendar ustreza meri našega srca. Molitev je dar, ki ga Bog želi podeliti vsem nam. Naloga vsakega od nas je zgolj to, da odstranimo ovire, ki nam preprečujejo, da bi ga sprejeli odprtih rok. Naj nam ta besedila, napisana v želji, da bi molili več in bolje, pomagajo hrepeneti, prositi in gojiti tisti odnos, ki nas bo spremenil v to, kar je bil božji sen za naše življenje.

Rubén Herce

Duhovnik, že več kot desetletje se posveča študentskim dejavnostim. Je poddirektor inštituta *Core Curriculum* in skupine *Ciencia, Razón y Fe* (CRYF) Univerze v Navari ter souredník revije *Scientia et Fides*.

---

[3] Fernando Ocáriz, *A la luz del Evangelio*, Palabra, Madrid 2020, str. 184.

1

BESEDA, KI JEZUSU UKRADE SRCE

KOLIKOR LJUDI, TOLIKO NAČINOV MOLITVE

Bilo je nekaj čez poldan, ko so bili na gori Kalvarija, zunaj jeruzalemskega obzidja, križani trije ljudje. To je bil prvi veliki petek v zgodovini. Dva izmed njih sta bila razbojnika, tretji je bil edini popolnoma nedolžen človek na svetu: Božji Sin. Eden od dveh razbojnikov se je kljub hudemu trpljenju in telesni izčrpanosti odločil za kratek pogovor s Kristusom. S svojimi ponižnimi besedami – »spomni se me, ko prideš v svoje kraljestvo« (Lk 23,42) – si je prislužil zagotovilo samega učlovečenega Boga, da bo že čez nekaj ur v raju. Sveti Jožefmarija je bil pogosto ganjen ob misli na dobrega razbojnika, ki je »z eno besedo Kristusu ukradel srce in si odprl vrata v nebo«.[1] Morda bi lahko molitev opredelili takole: beseda, ki Jezusu ukrade srce in nam daje, da od tega trenutka dalje živimo skupaj z njim.

---

[1] Sv. Jožefmarija, *Križev pot*, 12. postaja, 4.

Dva dialoga na križu

Tudi mi upamo, da bo naša molitev tako kot molitev dobrega razbojnika, ki ga neko izročilo imenuje Dizma, obrodila sadove. Hrepenimo po tem, da bi dialog z Bogom spremenil naše življenje. Ukrasti srce pomeni osvojiti, zaljubiti se, navdušiti. Človek *krade*, ker si tolikšne ljubezni ne zasluži. Človek *osvaja* tisto, kar ni njegova lastnina ali posest, vendar po tem hrepeni. Molitev sloni na nečem tako preprostem – vendar ne majhnem –, kot je to, da se naučimo sprejemati tolikšen dar v svoje srce in dovoliti, da nas spremlja Jezus, ki nikoli ne vsiljuje svojih darov, svoje milosti ali svoje ljubezni.

Poleg Dizme je prav tako na kalvarijskem lesu visel njegov sotrpin. V oči bijoč je očitek, ki ga ta drugi razbojnik nameni Jezusu: »Ali nisi ti Mesija? Reši sebe in naju« (Lk 23,39). To so besede, ki zmrazijo kakor hladna prha. Kakšna je razlika med tema dvema *dialogoma*? Oba sta govorila z Jezusom, vendar je le Dizma sprejel, kar mu je bil Učitelj pripravljen dati. Izvršil je svoj poslednji in najboljši *udarec*: tisto prošnjo, da bi ga Kristus ohranil vsaj v svojem spominu. Njegov tovariš pa svojega srca ni ponižno odprl Njemu, ki ga je želel osvoboditi preteklosti in mu ponuditi neizmeren zaklad. Zahteval je svojo pravico, da je uslišan in rešen; zoperstavil se je Jezusovi navidezni naivnosti in mu očital prav tako navidezno nedejavnost. Morda je bil na tak način *kradel* že od nekdaj: misleč, da si jemlje nazaj, kar mu dejansko pripada. Po drugi strani pa je Dizma vedel, da si ničesar ne zasluži, in s to držo mu je uspelo odpreti zakladnico božje ljubezni. Spoznal je Boga, kakršen je v resnici: Oče, predan vsakemu izmed svojih otrok.

Ob teh dveh možnih *dialogih*, ki ju najdemo v evangeliju, lahko razumemo, da Gospod računa na našo svobodo, da bi nas osrečil. Pa tudi to, da človek včasih težko dopusti, da bi bil ljubljen. Molitev je lahko čudovit način za odkrivanje, kaj Jezus čuti, misli in želi. Božje življenje v nas je dar. V tem smislu je molitev struga, po kateri se preliva tok ljubezni, ki nam jo želi ponuditi Bog, nepričakovano povabilo, da si na drugačen način pridobimo resnično življenje.

Da bi si odprli nebeška vrata

Sveti Jožefmarija nas je spominjal, da je Bog »hotel tvegati našo svobodo«.[2] Morda se mu lahko za to držo zahvalimo tako, da se tudi sami

---

[2] Sv. Jožefmarija, *Jezus prihaja mimo*, št. 113.

odpremo njegovi svobodi. Mogli bi celo reči, da v tem drugem primeru sploh ne tvegamo; nevarnost je le navidezna, saj imamo vsa zagotovila za zmago: jamstvo njegove obljube so žeblji, ki žarijo od ljubezni do nas. Če na stvari gledamo s tega vidika, se zavemo, kako nesmiselno je upiranje božji volji, čeprav hitro ugotovimo, da to kar pogosto počnemo. Dogaja se nam, da »zdaj gledamo z ogledalom, v uganki, takrat pa [bomo gledali] iz obličja v obličje. Zdaj spoznavam deloma, takrat pa bom spoznal, kakor sem bil spoznan« (1 Kor 13,12). Tako nam pravi sv. Pavel: ni boljšega načina za spoznavanje samega sebe, kot da se gledamo s Kristusovega zornega kota, da svoje življenje zremo z njegovimi očmi.

Dizma to dojame in se ne boji velikega prepada med svojimi osebnimi napakami in Jezusovo dobroto. V ponižanem in iznakaženem Kristusovem obličju prepozna kralja vsega sveta; njegove oči, ki ga nežno gledajo, mu vračajo dostojanstvo in ga na nenavaden način spominjajo, da je nadvse ljubljen. Res je, da se *srečni konec* zgodbe o dobrem razbojniku lahko zdi nekako preveč enostaven. Vendar nikoli ne bomo izvedeli, skozi kakšno dramo spreobrnjenja je v tistih trenutkih šlo njegovo srce in kakšna je bila priprava, ki je zagotovo omogočila to spreobrnjenje.

Biti odprt za tolikšno ljubezen je na moč podobno odkrivanju, da je molitev dar, najodličnejši *kanal* za sprejemanje naklonjenosti nekega srca, ki ne pozna mere niti preračunljivosti. Podarjeno nam je drugačno, polnejše, bolj izpolnjeno, mnogo srečnejše in bolj smiselno življenje. Papež Frančišek je dejal: »Z molitvijo mu *odpremo možnost za potezo*, damo mu prostor, da bo lahko deloval in vstopal ter zmagoval.«[3] Bog je tisti, ki nas bo preoblikoval, Bog je tisti, ki nas bo spremljal, on je tisti, ki bo storil vse; od nas potrebuje le to, da mu kakor pri igri *odpremo možnost za potezo*. Ravno pri tem gibanju stopi na prizorišče naša svoboda, ki je bila pridobljena na Kristusovem križu.

Molitev nam pomaga razumeti, da »kadar nas On kaj prosi, nam v resnici ponuja dar. Nismo mi tisti, ki mu storimo uslugo; Bog je tisti, ki naše življenje razsvetli in ga napolni s smislom.«[4] Ravno to je tisto, kar mu *ukrade srce*: odprta vrata našega življenja, ki se pusti obdelovati, ki se pusti ljubiti, preoblikovati, ki hrepeni po tem, da bi mu odgovorilo, četudi ne ve prav dobro, kako naj to stori. »Okusite in glejte, kako dober

[3] Frančišek, apost. spod. *Christus vivit*, št. 155.
[4] Fernando Ocáriz, članek *Luč, da bi videli – moč, da bi hoteli*, v: *ABC*, 18. 9. 2018.

je Gospod« (Ps 34,9). V teh nekaj besedah je povzeta pot, na kateri postajamo duše molitve, »kajti če ne uvidimo, kaj vse smo od njega prejeli, se nam tudi ne bo prebudila ljubezen do njega«.[5] Kdaj smo Gospodu nazadnje povedali, kako dober je? Kako pogosto se ustavimo, da bi to premišljevali in *okušali*?

Zato je čudenje bistveni del našega molitvenega življenja: občudovanje nečesa veličastnega, česar ne zmoremo zaobjeti s svojimi merili. To nas žene k vzklikanju: »Kako si velik, kako si čudovit in kako dober! In kako nespameten sem jaz, ki sem te skušal razumeti. Kako majhen bi bil ti, če bi te moja glava mogla zaobjeti! Zaobjame pa te moje srce, kar ni majhna stvar.«[6] Hvaljenje Boga nas postavi v resničnost našega odnosa s Kristusom, ublaži težo naših skrbi in nam odstira obzorja, ki se jih prej nismo nadejali. To so posledice tega, da smo *tvegali* in se prepustili božji svobodi.

Neskončno mnogo načinov molitve

Ko je bil sveti Jožefmarija na potovanju v Mehiki, je na nekem srečanju povedal anekdoto.

---

[5] Sv. Terezija Avilska, *Lastni življenjepis*, 10, 4; Karmel Sora 1998, str. 63.
[6] Sv. Jožefmarija, Zapiski nagovorov, 9. 6. 1974; v: *Catequesis*, 1974/1, str. 386 (AGP, *Biblioteca*, P04).

Pripovedoval je, kako je eden od njegovih duhovnih sinov, filozof po poklicu, nepričakovano dobil nalogo, da vodi družinsko podjetje: »Ko mi je govoril o poslu, sem ga pogledal, se zasmejal in mu rekel: Posli? Denar, ki ga boš zaslužil, lahko spraviš semkaj, v mojo dlan, v kateri je več kot dovolj prostora.« Minilo je mnogo let, ko ga je znova srečal in mu dejal: »Tu je moja roka. Ali ti nisem rekel, da vse, kar zaslužiš, spravi sem? On pa je vstal ter mi vpričo vseh poljubil dlan. In rekel je: To je to. Objel sem ga in mu odvrnil: Več kot obilno si mi poplačal. Kar tako naprej, lopov, Bog te blagoslovi!«[7]

V molitvi lahko prav zares poljubimo božjo dlan; lahko mu izkažemo svojo ljubezen kot edini zaklad, saj drugega nimamo. Za nekatere ljudi je že takšno, Gospodu namenjeno dejanje dovolj, da se vnamejo v molitvi, polni vzgibov in dobrih sklepov. En pogled se jim zdi mnogo zgovornejši kot tisoč besed. Radi bi se dotaknili vsega, kar je povezano z Bogom; pri srečanju z Gospodom bi uživali v prijetni sapi na obrežju Galilejskega jezera. Tedaj čuti zaživijo in Jezusova bližina vzbudi občutja, ki srce napolnijo z mirom in veseljem. To veselje spremlja potreba, da

---

[7] Sv. Jožefmarija, Zapiski z družinskega srečanja, 27. 11. 1972; v: *Dos meses de catequesis*, 1972, vol. II, str. 616 (AGP, *Biblioteca*, P04).

ga nemudoma delimo z drugimi in razprostremo roke kakor Kristus, v želji objeti ves svet ter ga skupaj z Njim odrešiti.

Toda načinov molitve je ogromno, toliko, kot je ljudi. Kdo drug na primer enostavno skuša zaslišati kako besedo tolažbe. Jezus ne skopari z besedami občudovanja v odnosu do tistih, ki jih potrebujejo: »Poglejte, pravi Izraelec, v katerem ni zvijače« (Jn 1,47). Tudi nam jih bo naklonil, če odpremo svoje srce. Nihče ni nikdar izrekel besed ljubezni, kakršne je izrekel on. In nihče jih ni izrekel s tolikšno milino in tako resnično. Ko jih zaslišimo, tedaj od Boga prejeta ljubezen prodre v naš pogled. Tako se naučimo gledati skupaj z Bogom. Na ta način polagoma razberemo, kaj bi lahko dosegli vsi naši prijatelji ali prijateljice, če bi pustili, da jih spremlja milost.

So tudi ljudje, ki uživajo v služenju drugim, na primer Gospodova prijateljica Marta, ki je prebivala v Betaniji. Ko je bil Jezus, kot nam pravi evangelij, pri njej na obisku, ni rekel Marti, naj se usede, temveč jo je povabil, naj pri svojem delu odkrije edino potrebno stvar (prim. Lk 10,42). Ljudem, ki so podobni Marti, je med molitvijo najbrž v tolažbo misel, da Bog po njih deluje, da bi mnoge duše privedel v nebesa.

Svojo molitev radi napolnijo z obrazi in imeni konkretnih oseb. Potrebujejo prepričanje o tem, da z vsem, kar počnejo, soodrešujejo svet. Če si je namreč Marija lahko izbrala »najboljši del«, je to prav zato, ker je Marta služila; slednji pa je bilo dovolj zavedanje, da so ljudje okoli nje srečni.

Spet drugi ljudje so bolj nagnjeni k drobnim detajlom, k darilom, pa četudi so prav majhne vrednosti. To je izraz srca, ki nikoli ne preneha misliti na druge in v življenju vedno najde nekaj, kar se nanaša na njegove drage. Takšnim ljudem bo morda pomagalo, če se naučijo odkrivati vse darove, s katerimi je Bog posejal njihovo življenje. »Prav zato, ker se molitev hrani iz božjega daru, ki se izliva v naše življenje, mora izražati bogastvo spominov.«[8] Lahko hrepenijo po tem, da bi Boga *presenetili* s tisočerimi drobnimi pozornostmi. Zanje je faktor presenečenja zelo pomemben in ni jim težko uganiti, kaj Gospoda očara. Gre sicer za skrivnost, vendar Njega tudi najmanjša pozornost navda s hvaležnostjo, da mu zasijejo oči. Vsaka duša, ki jo skušamo približati njegovi ljubezni – kot je bila Dizmova v svojih poslednjih trenutkih –, mu na novo ukrade srce.

---

[8] Frančišek, apost. spod. *Gaudete et exsultate*, št. 153.

Ne da bi hoteli v vnaprej določene sheme za-
objeti vse možnosti, lahko omenimo tudi duše,
ki izrazito potrebujejo preživljanje časa z ljublje-
no osebo. Morebiti jim bo blizu to, da na primer
Jezusa tolažijo. Ves čas, ki ga *potrošijo* v družbi
ljubljene osebe, se jim zdi premalo. Da bi zaznali
božjo naklonjenost, jim zna biti v pomoč misel
na Nikodema, ki ga je Jezus sprejel v vzdušju ne-
kega doma, prav prikladnega za zaupnosti, ko
sta imela pred seboj še vso noč. Prav zaradi tega
skupaj preživetega časa se bo Nikodem v najtež-
jih trenutkih zmogel zavzeti za Jezusa in mu biti
blizu, ko bo druge premagal strah.

Včasih mislimo, da spoznati sebe pomeni
prepoznati svoje napake; kar drži, vendar to ni
vsa resnica. Globoko poznavanje svojega srca in
svojih najglobljih hrepenenj je ključ do tega, da
lahko prisluhnemo Bogu in pustimo, da nas na-
polni njegova ljubezen.

* * *

Pogovor med Jezusom in dobrim razbojni-
kom je bil kratek, toda močan. Dizma je odkril,
da je v tistem vélikem nedolžnem Kristusovem
srcu špranja, skozi katero ga je bilo mogoče zlah-
ka *osvojiti*. Božjo voljo, ki je pogosto temačna in
boleča, je osvetlila ponižna razbojnikova prošnja.

Gospodova edina želja je, da bi bili srečni, zelo srečni, najsrečnejši na svetu. Dobri razbojnik se je splazil skozi to špranjo in si prilastil največji zaklad. Devica Marija je bila priča, kako je Dizma stopil v bran njenega sina. Morda je z enim samim pogledom Jezusa zaprosila, naj ga reši. In Kristus, ki svoji materi ne more ničesar odreči, mu je dejal: »Danes boš z menoj v raju« (Lk 23,43).

2

JEZUSOV ZGLED

MOLITEV S POMOČJO BOŽJE BESEDE

Jezusovi prvi učenci so bili znova in znova očarani in presenečeni nad svojim Učiteljem: učil je z oblastjo, demoni so se mu podrejali, trdil je, da ima moč odpuščati grehe, delal je čudeže, da ne bi dvomili … V tako neverjetnem človeku je morala biti neka skrivnost. Nekega dne, ob zori, ko se je začenjal še en naporen dan, pa učenci Jezusa ne najdejo. Zaskrbljeni se odpravijo v mesto Kafarnaum ter ga preiščejo po dolgem in počez. Jezusa ni nikjer. Nazadnje ga odkrijejo na neki vzpetini nad jezerom in vidijo, … da moli! (prim. Mr 1,35).

Evangelist nam daje misliti, da tega sprva niso razumeli, vendar so kmalu spoznali, da tisto v Kafarnaumu ni bil osamljen dogodek. Molitev je bila del Učiteljevega življenja ravno tako kot oznanjevanje, skrb za pomoči potrebne ali počitek.

Medtem ko so jim bile vse te dejavnosti razumljive in občudovanja vredne, pa so bili ob tistih trenutkih tišine naravnost prevzeti, čeprav jih niso povsem doumeli. Šele po tem, ko so ob Učitelju preživeli že nekaj časa, so si ga upali prositi: »Gospod, nauči nas moliti, kakor je tudi Janez naučil svoje učence« (Lk 11,1).

Non multa, sed multum

Vemo, kateri je bil Jezusov odgovor na to prošnjo: Gospodova molitev. Pri tem bi kdo lahko pomislil, da so morali biti učenci rahlo razočarani: zgolj teh nekaj besed? Je to tisto, kar je Učitelj počel ure in ure? Mar je vedno ponavljal eno in isto? Lahko si predstavljamo, da se jim je Jezusov odgovor zdel skromen; morda bi si želeli, da bi jih Jezus učil še naprej. Matejev evangelij, za razliko od Lukovega, nam lahko nekoliko bolj osvetli to vprašanje, saj postavlja nauk o Gospodovi molitvi v kontekst govora na gori: tam je Jezus izpostavil temeljne pogoje za molitev, za resnični odnos z Bogom. Kateri so ti pogoji?

Prvi pogoj je *pravilni namen*. Gre za to, da se obračamo k Bogu *zaradi Boga*, ne zaradi drugih nagibov; vsekakor ne zato, da bi nas drugi videli ali da bi dajali videz neke dobrote, ki je nimamo (prim. Mt 6,5). K Bogu se usmerjamo, ker je On osebno bitje in ga ne smemo obravnavati kot orodje. Dal nam je vse, kar imamo, obstajamo zaradi njegove ljubezni, naredil nas je za svoje otroke, nežno skrbi za nas in dal je svoje življenje, da bi nas odrešil. Naše pozornosti si ne zasluži zgolj ali predvsem zato, ker nam lahko priskrbi določene stvari. Zasluži si jo …, ker je to On! Sveti Janez Pavel II., ko je bil še krakovski škof, je mlade spominjal: »Zakaj vsi ljudje (kristjani, muslimani, budisti, pogani) molijo? Zakaj molijo? Zakaj molijo celo tisti, ki mislijo, da ne molijo? Odgovor je zelo preprost. Molim, ker je Bog. Vem, da Bog obstaja. Zato molim.«[1]

Drugi pogoj je *zaupanje*. Obračamo se na njega, ki je Oče, *Aba*. Bog ni oddaljeno bitje, še manj pa človekov sovražnik, ki bi ga bilo treba zadovoljiti z nenehnim uklanjanjem njegovi jezi ali zahtevam. On je oče, ki skrbi za svoje otroke, ki ve, kaj potrebujejo, ki jim daje, kar je zanje najboljše (prim. Mt 6,8), ki v njih najde »svoje veselje« (prim. Prg 8,31).

Tako lažje razumemo tretji pogoj za molitev, ki je v evangeliju podan kot uvod v očenaš: *izogibanje gostobesednosti* (prim. Mt 6,7). V tej smeri

---

[1] Karol Wojtyła, *Duhovne vaje za mlade*, BAC, Madrid 1982, str. 89.

lahko izkusimo nekaj, na kar nas je spomnil papež Frančišek: »Kako lepo je stati pred njegovim križem ali klečati pred Najsvetejšim in preprosto biti pred njegovimi očmi!«[2] Preveč besed nas lahko otopi in preusmeri našo pozornost drugam. Namesto da bi se obračali k Bogu in počivali v njegovi ljubezni, obstaja nevarnost, da ostanemo ujetniki svojih nujnih potreb, skrbi ali načrtov. To se pravi, lahko se naposled zapremo vase, ne da bi nas molitev resnično odprla za Boga in njegovo preobražajočo ljubezen.

Nek latinski rek se glasi: *non multa, sed multum*;[3] sveti Jožefmarija ga je navajal, ko je govoril o dobrem načinu študija in nas opozarjal, kako pomembno je, da se ne izgubimo v ukvarjanju z mnogimi stvarmi – *non multa* –, ampak se poglobimo v tisto, kar je bistveno – *sed multum*. Ta nasvet nam lahko pomaga razumeti tudi Jezusov nauk o molitvi. Kratkost očenaša ni lekcija o molitvi, ki bi pomenila *razočaranje*, temveč je pristno razodetje o tem, kako je mogoča resnična *povezava* z Bogom.

---

[2] Frančišek, apost. spod. *Evangelii gaudium*, št. 264.
[3] Sv. Jožefmarija, *Pot*, št. 333.

Oče naš

»Na večer boš preizkušen v ljubezni; nauči se ljubiti tako, kot Bog hoče biti ljubljen, in se popravi.«[4] Te besede svetega Janeza od Križa nas spominjajo, da ljubiti pomeni usmerjati se po drugem, uganiti, kaj mu je všeč, in mu z veseljem ugoditi; spoznati, včasih tudi z neko mero trpljenja, da naši dobri nameni niso dovolj, ampak se moramo naučiti, kako *ravnati prav*.

In kako naj v ljubezni do Boga ravnamo prav? Kako spoznati, kaj mu ugaja? Jobova knjiga izpostavlja ta izziv, ko naposled ponižno pravi: »Vprašal te bom in ti me poúči!« (Job 42,4). Gre za isto prošnjo, ki so jo učenci več stoletij pozneje naslovili na Jezusa: »Nauči nas moliti.« Učenje molitve torej ni predvsem vprašanje *tehnike* ali *metode*. V prvi vrsti je odprtost za Boga, ki nam je razodel svoje pravo obličje in nam odprl bližino svojega srca. Samo če vemo, kaj prebiva v božjem srcu, lahko resnično molimo in ga ljubimo tako, kot On želi biti ljubljen. In v luči tega spoznanja lahko *popravimo* svojo molitev ter se naučimo moliti na najboljši možen način.

Očenaš je torej Jezusovo véliko navodilo, da bi se mogli uglasiti po Očetovem srcu. Zato smo

---

[4] Sv. Janez od Križa, *Dichos de amor y luz*, 59.

govorili o *preobražajočem* značaju te molitve: to so besede, ki v nas uresničujejo tisto, kar pomenijo, so besede, ki nas spreminjajo. To niso zgolj fraze za ponavljanje: so besede, ki vzgajajo naše srce in ga učijo utripati z utripom ljubezni, ki bo všeč našemu nebeškemu Očetu.

Izrekanje besed *Oče* in *naš* me eksistencialno postavlja v odnos, ki moje življenje oblikuje. Ko ponavljam *zgôdi se tvoja volja*, se učim ljubiti božje načrte; ko pravim *odpusti nam naše grehe, kakor tudi mi odpuščamo svojim dolžnikom*, pa mi to pomaga biti bolj usmiljen do drugih. »Besede nas vzgajajo in nam dajejo razumeti, česa si moramo želeti in za kaj prositi. Ne pa, da bi mi z njimi prepričevali Gospoda, naj nam da tisto, za kar prosimo.«[5] V tej molitvi se učimo nagovarjati Boga s poudarkom na tem, kar je zares pomembno.

Premišljevanje o različnih prošnjah molitve očenaš, morda s pomočjo katerega od velikih starodavnih razlagalcev – sv. Ciprijana ali sv. Tomaža[6] – ali novejših virov, na primer Katekizma Katoliške cerkve, je lahko dober način, da začnemo obnavljati svoje molitveno življenje in tako

---

[5] Sv. Avguštin, *Pismo 130.*

[6] Prim. sv. Ciprijan, *La unidad de la Iglesia, el padrenuestro, a Donato*, Ciudad Nueva, Madrid 1991; sv. Tomaž Akvinski, *Obras catequéticas. Sobre el credo, Padrenuestro, Avemaría, decálogo y los siete sacramentos*, Ediciones Eunate, Pamplona 1995, str. 98–128.

globlje doživljati ljubezensko zgodbo, ki naj bi se uresničila v nas.

Z navdihnjenimi besedami

Učenci, ki so bili priča Jezusovi molitvi, so videli, da se je k Očetu večkrat obračal z besedami iz psalmov. Tega se je gotovo naučil od svoje matere in od svetega Jožefa. Psalmi so bili vir njegove molitve celo v skrajnem trenutku njegove daritve na križu: *Elí, Elí, lemá sabahtáni?* se glasi prva vrstica Psalma 22 v aramejščini, kot jo je Jezus izrekel v trenutku, ko se je dovršilo naše odrešenje. Evangelist Matej tudi poroča, da so po zadnji večerji, »ko so odpeli hvalnico, odšli proti Oljski gori« (Mt 26,30). Katere so te hvalnice, s pomočjo katerih je molil sam Kristus?

Pri pashalnem obedu so Judje imeli navado izpiti štiri čaše vina, ki so predstavljale štiri obljube blagoslova, ki jih je Bog dal svojemu ljudstvu ob osvoboditvi iz Egipta: »izpeljem vas«, »rešim vas«, »osvobodim vas« in »vzamem vas« (2 Mz 6,6-7). Izpili so jih v štirih različnih trenutkih obeda. Hkrati so se pele hvalnice *Hallel*, ki se tako imenujejo zato, ker se začenjajo z besedo »*hallel*« (aleluja).[7] Gotovo je Jezus vse te speve

---

[7] *Hallel* je iz dveh delov: mali *Hallel* sestavljajo psalmi od 113 (112) do 118 (117),

izgovarjal z vso hvaležnostjo in tako slavil Boga, svojega Očeta, kot pravi Izraelec, ki se zaveda, da so to navdihnjene molitve. V njih je zgoščena tako zgodba o ljubezni Boga do njegovega ljudstva kot tudi drža človekovega srca pred občudovanja vrednim Bogom: hvala, češčenje, prošnja, molitev za odpuščanje …

Zato ni presenetljivo, da so prvi kristjani sledili temu Jezusovemu načinu molitve, opirajoč se tudi na nasvet svetega Pavla: »Naj vas napolnjuje Duh: nagovarjajte se s psalmi, hvalnicami in z duhovnimi pesmimi, ko v svojem srcu prepevate in slavite Gospoda. V imenu našega Gospoda Jezusa Kristusa se nenehoma zahvaljujte Bogu Očetu za vse« (Ef 5,19-20). Podobno kot besede očenaša so tudi besede iz psalmov vzgajale njihova srca in jih odpirale za pristen odnos z Bogom. Presenečeni in polni hvaležnosti so odkrivali, kako so tiste vrstice že od nekdaj predstavljale Kristusovo življenje. Predvsem pa so spoznali, da je njihovo lastno človeško srce najbolje znalo usvojiti tiste hvalnice, prošnje in molitve ter jih vzeti za nekaj svojega. Odtlej so psalmi, »moljeni in spolnjeni v Kristusu bistvena in trajna prvina molitve njegove Cerkve. Primerni so za ljudi vseh slojev in

---

veliki *Hallel* pa je psalm 136 (135), v katerem se v vsaki vrstici ponavlja: »ker na veke traja njegova dobrota«. S tem psalmom se tudi zaključi pashalna večerja.

vseh časov.«[8] Tudi mi bomo v njih našli »močno hrano« (Heb 5,14) za svojo molitev.

Pa ne samo v psalmih. Tem so se kmalu pridružili različni spevi in duhovne pesmi, s katerimi so kristjani hvalili trikrat svetega Boga, ki se jim je razodel kot občestvo oseb, Očeta, Sina in Duha. Tako so začele nastajati molitve, ki se bodo uporabljale pri liturgiji ali pa naj bi krepile pobožnost zunaj nje. Njihov namen je pomagati nam, da bi Boga nagovarjali z ustreznimi besedami, ki izražajo našo vero vanj. Te molitve, ki so sad ljubezni Cerkve do njenega Gospoda, so prav tako zaklad, v katerem lahko vzgajamo svoje srce. Zato je sveti Jožefmarija zapisal: »Tvoja molitev naj bo liturgična. – Ko bi se le navdušil za branje psalmov in molitev iz misala, namesto za osebne in priložnostne molitve.«[9]

Z dihom Svetega Duha

Vsi smo se kdaj učili tako, da smo študirali zapisana besedila. Zato lahko razumemo, da so nas besede očenaša, psalmov ali drugih cerkvenih molitev vzgajale v našem odnosu do Boga, četudi doslej o tem nismo razmišljali na tak način.

---

[8] *Katekizem Katoliške cerkve*, št. 2597.

[9] Sv. Jožefmarija, *Pot*, št. 86.

Božja beseda ima neko posebno značilnost: je živa in zato lahko prinaša neslutene novosti. Pismo Hebrejcem nas opominja, da je »božja beseda [...] živa in dejavna, ostrejša kakor vsak dvorezen meč in zareže do ločitve duše in duha, sklepov in mozga ter presoja vzgibe in misli srca« (Heb 4,12).

Zato iste besede, ko jih premišljujemo znova in znova, ne zvenijo vedno enako. Včasih se nam pred očmi odprejo nova obzorja, ne da bi znali pojasniti, zakaj: to je delovanje Svetega Duha, ki govori v naši notranjosti. Sveti Avguštin je to natančno razložil: »Zvok naših besed udarja na vaša ušesa, toda učitelj je znotraj [...]. Hočete dokaz, bratje? Ali niste vsi slišali te pridige? Koliko jih bo odšlo od tod, ne da bi se karkoli naučili! Kar se mene tiče, sem govoril vsem, toda tisti, ki jim v notranjosti ne govori Maziljenje, ki jih notranje ne uči Sveti Duh, se vrnejo domov enako nevedni kot prej.«[10]

Tako lahko zaznamo tesno povezavo med Svetim Duhom, navdihnjeno besedo in našim molitvenim življenjem. Cerkev ga upravičeno imenuje *notranji Učitelj*, ki vzgaja naša srca z besedami, ki nas jih je učil sam Jezus, in nam v njih

---

[10] Sv. Avguštin, *Tretja pridiga o Prvem Janezovem pismu*, 13.

odkriva vedno nova obzorja, da bi bolje spoznali Boga in ga tako vsak dan bolj ljubili.

* * *

»Marija pa je vse te besede shranila in jih premišljevala v svojem srcu« (Lk 2,19). Molitev naše Matere se je napajala ob njenem lastnem življenju in v vztrajnem premišljevanju božje besede. Tam je našla luč, da je mogla z večjo globino videti stvari okoli sebe. V njenem hvalospevu, v *Magnifikatu*, vidimo, v kolikšni meri je bilo Sveto pismo stalna hrana njene molitve. Magnifikat je prepleten z navedki iz psalmov in drugih svetopisemskih besedil, kot sta denimo *Anina pesem* (1 Sam 2,1-11) in *Izaijevo videnje* (Iz 29,19-20).[11] S to hrano jo je Sveti Duh pripravljal na njen brezpogojni *da*, ki ga je izrekla ob angelovem oznanilu. Njej se priporočamo, da bi tudi mi dopustili božji besedi, da vzgaja naša srca in nas naredi zmožne reči *Fiat!* – zgôdi se, hočem! –, da bi tako odgovorili na številne načrte, ki jih ima Bog pripravljene za naše življenje.

---

[11] Poleg omenjenih najdemo še povezave z drugimi mesti v Svetem pismu: Hab 3,18; Job 12,19-20; 5,11-12 ter Ps 113,7; 136,17-23; 34,2-3; 111,9; 103,1; 89,11; 107,9; 34,10; 98,3; 22,9.

3

V DRUŽBI SVETNIKOV

UČITELJI IN SPREMLJEVALCI PRI MOLITVI

Jezus se prvikrat javno odpravi v Jeruzalem. Končno je prišel trenutek, da popolnoma predan svojemu poslanstvu z besedo in čudeži oznanja božje kraljestvo. Odkar je na svatbi v Kani storil čudovito delo, se glas o njem polagoma širi. Tedaj, v zavetju tihe in temne noči, pride k njemu znan judovski učitelj (Jn 3,1). Nikodem je bil pred tem pretresen, ko je slišal in videl Kristusa. Veliko stvari se mu plete po glavi in želel bi jih razrešiti v zasebnem pogovoru iz oči v oči. Jezus, ki pozna iskrenost njegovega srca, mu brž pove: »Če se kdo ne rodi iz vode in Duha, ne more priti v božje kraljestvo« (Jn 3,5).

Pogovor se nadaljuje s tem, kar bi se vprašal vsak izmed nas: Kaj to pomeni? Če vem točen dan in celo uro svojega rojstva, kako naj se rodim dvakrat? Jezus je Nikodema pravzaprav prosil, naj ne poskuša le razumeti, ampak, kar je še pomembnejše, naj dovoli Bogu, da vstopi v njegovo življenje. Kajti hoteti biti svet je kakor ponovno rojstvo, pomeni videti vse v novi luči, skratka, biti nov človek: postopoma se spreminjati v Jezusa Kristusa samega in »dopustiti, da se Njegovo življenje razodene v nas«.[1] Svetniki so poti božjega kraljestva že prehodili: plezali so po gorah tega kraljestva, počivali v njegovih dolinah in izkusili tudi nekoliko temačnejše kotičke. Zato nam vzbujajo upanje. Eden od načinov, kako prepoznati Kristusa, je ravno pomoč svetnikov. Njihova življenja lahko igrajo pomembno vlogo na osebni poti vsakega krščenega, ki bi se rad naučil moliti.

Marija moli, ko je vesela …

Ženske in moški, ki so živeli pred nami, so priče, da je življenjski dialog z Bogom resnično mogoč sredi tega našega letanja sem in tja, ki nam včasih lahko daje misliti, da je ravno obratno. Med njimi je ključnega pomena pričevanje svete Marije. Ona je zaradi ljubeče bližine s svojim Sinom Jezusom v vsakdanjem družinskem življenju imela nadvse živo izkušnjo dialoga z

---

[1] Sv. Jožefmarija, *Jezus prihaja mimo*, št. 104.

Očetom. Kot pri vsaki hiši so bili tudi v naza-
reškem domu lepši in nekoliko težji trenutki;
vendar Marija v takšnem ali drugačnem razpolo-
ženju vedno moli.

Moli na primer, ko je vesela. Vemo, da se je
Marija kmalu po angelovem oznanjenju »v nag-
lici odpravila v gričevje, v mesto na Judovem«
(Lk 1,39), da bi obiskala svojo sestrično Eliza-
beto. Prejela je novico, da bo družina pridobila
še enega nečaka, kar je bilo vredno praznovanja,
zlasti ker je bil to glede na Elizabetino in Za-
harijevo starost nepričakovan dogodek. »Lukov
opis srečanja med sestričnama je navdan z ga-
njenostjo ter nas postavlja na prizorišče blagos-
lova in veselja«;[2] tej ganjenosti se na neki način
pridruži Sveti Duh, ki razodene Mesijevo telesno
navzočnost tako Krstniku kot njegovi materi.

Kakor hitro Marija stopi v njeno hišo, ji Eli-
zabeta v vzdušju topline izreče hvalo z beseda-
mi, ki bodo postale splošno razširjena molitev in
ki jih vsak dan ponavljamo, pri čemer se tudi
sami pridružimo temu veselju: »Blagoslovljena ti
med ženami in blagoslovljen sad tvojega telesa!«
(Lk 1,42). Devica Marija se na sestričnino nav-
dušenje ganjena odzove: »Moja duša poveličuje

---

[2] Prelatove besede v Covadongi, 13. 7. 2018.

Gospoda in moj duh se raduje v Bogu, mojem Odrešeniku.« *Magnifikat* – tako je izročilo poimenovalo ta odgovor naše Matere – nas uči, kolikšna je razsežnost z božjo besedo prepojene hvalne molitve. Kot poudarja Benedikt XVI.: »Marija je dobro poznala Sveto pismo. Njen Magnifikat je čudovita tapiserija, stkana iz niti Stare zaveze.«[3] Kadar je naše srce polno hvaležnosti za kak prejeti dar, je čas, da si v molitvi pred Bogom damo duška – morda z besedami iz Svetega pisma – ter mu priznamo *velike reči*, ki jih je storil v našem življenju. Zahvaljevanje je temeljna drža krščanske molitve, zlasti v trenutkih veselja.

... pa tudi v trpljenju in potrtosti

Vendar Marija moli tudi v obdobjih teme, ko nastopi bolečina ali ko ne vidi smisla. Tako nas uči še ene ključne drže krščanske molitve, ki je na strnjen, a svetel način izražena v poročilu o Jezusovi smrti: »Poleg Jezusovega križa pa so stale njegova mati in sestra njegove matere« (Jn 19,25). Marija, ki jo preveva žalost, preprosto *stoji*. Ne poskuša rešiti svojega Sina niti spremeniti situacije. Ne vidimo je, da bi od

---

[3] Benedikt XVI., Homilija, 18. 12. 2005.

Boga zahtevala, naj ji pojasni, česar ne razume. Prizadeva si le, da ji ne uide niti ena beseda, ki jo Jezus šepetaje izreče na križu. Ko dobi novo nalogo, jo zato nemudoma sprejme: »Žena, glej, tvoj sin! Potem je rekel učencu: Glej, tvoja mati!« (Jn 19,26-27). Marija je potopljena v žalost, ki je za mnoge nekaj najhujšega, kar človek more doživeti: biti priča smrti lastnega otroka. Kljub temu ohrani prisebnost, ki ji omogoča pritrditi novemu klicu, da kot svojega sina sprejme Janeza in z njim nas, moške in ženske vseh časov.

Trpeča molitev pomeni predvsem *stati* ob svojem lastnem križu, ljubiti božjo voljo; tako da zmoremo reči *da* situacijam in osebam, ki jih Gospod postavi v našo bližino. Moliti pomeni videti resničnost, četudi se zdi silno temačna, izhajajoč iz gotovosti, da je v njej vedno nek dar, da je v ozadju te stvarnosti vedno Bog. Tako bomo zmogli sprejemati osebe in okoliščine kakor Marija, rekoč: »Tukaj sem« (prim. Lk 1,38).

V njenem življenju naposled odkrijemo še eno stanje duha, v katerem je njena molitev drugačna od tiste, zaznamovane s temo trpljenja. Marijo namreč vidimo, kako skupaj s svojim možem Jožefom moli tudi v trenutkih tesnobe. Nekega dne, ko se vračata z vsakoletnega romanja v

jeruzalemski tempelj, opazita, da njunega dva-
najstletnega sina ni. Odločita se, da se vrneta in
ga poiščeta. Ko ga končno najdeta sredi pogovo-
ra z učitelji postave, ga Marija vpraša: »Otrok,
zakaj si nama tako storil? Tvoj oče in jaz sva te
s tesnobo iskala« (Lk 2,48). Tudi mi se lahko
marsikdaj počutimo tesnobno, ko se nas polašča
občutek, da ne dosegamo ustrezne ravni, da ne
izpolnjujemo vsega, kar bi bilo treba, da nismo
na pravem mestu. Tedaj se nam lahko zazdi, da
je nekaj narobe: življenje, poklic, družina, služ-
ba … Morda pomislimo, da ta pot ni takšna, kot
smo pričakovali. Načrti in sanje iz preteklosti se
nam zdijo naivni. V tolažbo nam je lahko zave-
danje, da sta Marija in Jožef šla skozi to krizo
in da odgovor na njuno tesnobno molitev ni bil
prav nič jasen ali pomirjujoč: »Kako da sta me
iskala? Mar nista vedela, da moram biti v tem,
kar je mojega Očeta? Vendar nista razumela be-
sed, ki jima jih je rekel« (Lk 2,49-50).

Molitev v tistih tesnobnih trenutkih nam ne
zagotavlja, da bomo prišli do hitre in enostav-
ne rešitve. Kaj torej storiti? Devica Marija nam
kaže pot: ostati zvest svojemu življenju, vrniti se
v vsakdanjo stvarnost ter znova odkriti božjo vo-
ljo, tudi če je ne razumemo v celoti. In enako

kot Marija lahko vse te skrivnostne in včasih temačne dogodke ohranimo v svojem srcu, tako da jih *premišljujemo*, se pravi, da jih zremo v drži molitve. Na ta način se postopoma zavedamo, da se božja navzočnost vrača; izkusili bomo, da Jezus v nas *raste* in znova postaja viden (prim. Lk 2,51-52).

Življenjepisi, ki so kakor naša življenja

Marija je edinstvena priča božje bližine, po kateri hrepenimo, prav tako pa tudi svetniki, vsak na svoj oseben in specifičen način. »Vsak svetnik je kakor žarek luči, ki vre iz božje besede,« uči Benedikt XVI. v nekem dokumentu, kjer nam predlaga nekaj učiteljev: »Tako pomislimo na sv. Ignacija Lojolskega in njegovo iskanje resnice duhovnega razločevanja; na sv. Janeza Boska in njegovo vnemo za vzgojo mladih; na sv. Janeza Marijo Vianneya in njegovo zavest o veličini duhovništva, ki je dar in naloga; na sv. Pija iz Pietrelcine in njegovo željo, da bi bil orodje božjega usmiljenja; na sv. Jožefmarija Escrivája in njegovo oznanjevanje poklicanosti vseh k svetosti; na bl. Terezijo iz Kalkute, misijonarko božje ljubezni do najbolj ubogih.«[4]

---

[4] Benedikt XVI., apost. spod., *Verbum Domini*, št. 48.

Človeško gledano je povsem naravno, da so nam blizu določeni načini življenja, ljudje, ki se ukvarjajo z nam privlačnimi nalogami ali govorijo tako, da se njihove besede dotaknejo našega srca in razuma. Poznavanje življenja in izkustva nekega svetnika ter branje njegovih spisov sta odličen način za gojenje resnično prijateljskega odnosa z njim ali z njo. Če bi torej poudarjali le izjemne trenutke iz življenja in molitve svetnikov, bi tvegali, da njihov zgled postane nekoliko bolj oddaljen in bi mu bilo težje slediti. »Se spomnite Petra, Avguština, Frančiška? Nikoli mi niso bili všeč življenjepisi svetnikov, v katerih so bila naivno, pa tudi s pomanjkljivim naukom predstavljena junaštva teh ljudi, kakor da bi bili potrjeni v milosti že v materinem telesu. Ne. Resnični življenjepisi junaških kristjanov so kot naša življenja: v bojih so zmagovali, v bojih so izgubljali. A potem so se skesani vračali v boj.«[5] Na podlagi takšnega stvarnega pristopa je pričevanje svetnikov mnogo bolj verodostojno prav zato, ker so podobni vsakomur izmed nas: med svetniki, pravi papež Frančišek, »so morda naša mama, babica ali druge znane osebe (prim. 2 Tim 1,5). Morda njihovo življenje ni bilo popolno, toda

---

[5] Sv. Jožefmarija, *Jezus prihaja mimo*, št. 76.

kljub nepopolnostim in padcem so nadaljevali pot in so bili všeč Gospodu.«[6]

Naše pojmovanje molitve je lahko celovitejše, če jo vidimo utelešeno v življenju drugih ljudi. Domačnost s svetniki nam pomaga odkrivati različne načine, kako začeti in se znova lotiti molitve. Neko novo luč nam denimo lahko prinese podatek, da je bil Psalm 91 v veliko tolažbo svetemu Tomažu Moru v dolgih mesecih, ki jih je prebil v ječi: »Pod njegove peruti se zatečeš … Najvišjega si postavil za svoje prebivališče … Ker mi je vdan, ga hočem osvoboditi.«[7] Psalm, v katerem je tolažbo našel mučenec, ko se je v ječi soočal z možnostjo nasilne smrti in trpljenjem svojih bližnjih, lahko tudi nam nakaže molitveno pot v majhnih in velikih življenjskih preizkušnjah.

Osupljivi božji pogled na človeka

Poznavanje svetnikov nam lahko pomaga odkriti Boga v vsakdanjih stvareh, kot so to počeli oni sami. Vzbuja nam občudovanje, ko preberemo, kaj je odkril sveti Janez Marija Vianney,

---

[6] Frančišek, apost. spod. *Gaudete et exsultate*, št. 3.

[7] Ps 91,4.9.14. Prim. sv. Tomaž More, *Diálogo de la fortaleza contra la tribulación*. Tretji del knjige, napisan v ječi v Londonskem stolpu, je zasnovan kot neke vrste razlaga Psalma 91 (90).

arški župnik, tistega dne, ko je ogovoril enega od svojih faranov, nepismenega kmeta, ki je redno veliko časa prebil pred tabernakljem. *Kaj počnete*, ga je vprašal duhovnik. In dobri mož je preprosto odvrnil: *Jaz gledam njega in on gleda mene.* Več ni bilo potrebno. Ta odgovor se je kot neizbrisen nauk vtisnil v srce njegovega župnika. Kontemplativna molitev, »kontemplacija je pogled vere, uprt v Jezusa«,[8] uči Katekizem Cerkve, pri čemer omenja prav ta dogodek. Gledam ga in – kar je še mnogo pomembnejše – on gleda mene. Bog nas vedno gleda, vendar to počne na poseben način, kadar povzdignemo oči in mu vrnemo ljubeč pogled.

Nekaj podobnega se je zgodilo tudi svetemu Jožefmariju in ga tako navdušilo, da je v teku svojega življenja pogosto pripovedoval o tem doživetju. Ko je bil še mlad duhovnik in je nabiral svoje prve pastoralne izkušnje, je ponavadi ves dopoldan prebil v spovednici ter čakal na spokornike. V določenem trenutku je vsakič zaslišal ropotanje pločevink, ki ga je vznemirilo in vzbudilo njegovo radovednost. Nekega dne, ko se ni mogel več premagovati, se je skril za vrati, da bi videl, kdo je ta skrivnostni obiskovalec.

---

[8] *Katekizem Katoliške cerkve*, št. 2715.

Naposled je zagledal moža s kanglami za mleko, ki se je pri odprtih cerkvenih vratih obrnil k tabernaklju, rekoč: *Jezus, tukaj mlekar Janez.* Za kratek čas je postal, nato pa odšel. Ta preprosti človek mu je, ne da bi se tega zavedal, dal zgled zaupne molitve, ki je duhovnika osupnila in ga spodbudila, da je kot stalen refren ponavljal: »Gospod, tu je ta nesrečnik, ki te ne zna ljubiti kakor mlekar Janez.«[9]

Pričevanja številnih svetnikov iz najrazličnejših obdobij in okoliščin nam potrjujejo, da lahko tam, kjer smo, in kakršni smo, začutimo, da nas Bog gleda z naklonjenostjo. To trdijo upravičeno, saj so bili oni sami prvi, ki jih je to odkritje osupnilo.

Tako budni kot v spanju

Svetniki, kot rečeno, nam pomagajo tudi takrat, ko vidimo njihovo šibkost ali utrujenost: »Včeraj nisem mogel pozorno zmoliti niti dveh zdravamarij zapored,« je nekega dne proti koncu svojega življenja zaupno dejal sv. Jožefmarija. »Ko bi ti videl, kako sem trpel! A kot vedno, čeprav mi je bilo težko in nisem vedel, kako naj to storim, sem še naprej molil: Gospod, pomagaj mi,

---

[9] Andrés Vázquez de Prada, *Ustanovitelj Opus Dei*, 1. knjiga, str. 455.

sem mu govoril, Ti moraš biti tisti, ki bo uresni-
čil velike stvari, ki si mi jih zaupal, saj vidiš, da
jaz nisem sposoben narediti niti najmanjših. Kot
vedno se izročam v tvoje roke.«[10]

Tudi mladi Filip Neri je molil: »Gospod,
drži danes svoje roke nad Filipom, sicer te Filip
izda.«[11] Blažena Guadalupe Ortiz de Landázuri
je v nekem pismu priznavala, da v njeni molit-
vi ni čutnih tolažb: »V globini je navzoč Bog;
čeprav ga zlasti pri molitvi v tem obdobju skoraj
nikoli ne čutim …«[12] Da ne omenjamo svete Te-
rezije iz Lisieuxa, ki je zapisala: »Zares sem daleč
od tega, da bi bila svetnica, in to najbolje doka-
zuje pravkar povedano. Namesto da bi se vese-
lila svoje suhote, bi jo morala pripisati pomanj-
kanju svoje gorečnosti in zvestobe. Moralo bi
me spravljati v obup, da (po sedmih letih) med
molitvijo in zahvaljevanjem zaspim. Pa vendar
ne čutim obupa … Mislim, da majhni otroci
staršem ugajajo tako speči kot budni. Mislim,
da zdravniki svoje paciente uspavajo, da bi jih
lahko operirali.«[13]

---

[10] Sv. Jožefmarija, 26. 11. 1970, v: Javier Echevarría, *Memoria del beato Jose-maría*, str. 25.

[11] Citira Benedikt XVI. na avdienci 1. 8. 2012.

[12] Mercedes Montero, *En Vanguardia: Guadalupe Ortiz de Landázuri*, 1916–1975, Rialp, Madrid 2019, str. 94.

[13] Sv. Terezija iz Lisieuxa, *Historia de un alma: manuscritos autobiográficos*, Manuscrito A, 76.

Zato potrebujemo pričevanje in družbo svetnikov, da bi se vsak dan prepričali, da je mogoče in vredno gojiti prijateljstvo z Gospodom ter se prepustiti njegovim rokam: »Resnično smo vsi sposobni, vsi smo poklicani, da se odpremo temu prijateljstvu z Bogom, da ne zdrsnemo iz njegovih rok, da se ne utrudimo vedno novega vračanja h Gospodu, tako da govorimo z Njim, kot človek govori s prijateljem.«[14]

[14] Joseph Ratzinger, *Dejar obrar a Dios*, v: *L'Osservatore Romano*, 6. 10. 2002.

4

KO ZNAMO PRISLUHNITI

NOTRANJA TIŠINA

Gospod je pomislil na Mojzesa in ga izbral za ključno nalogo: voditi njegovo ljudstvo v novo etapo zgodovine odrešenja. Z njegovim sodelovanjem je bil Izrael osvobojen egiptovske sužnosti in pripeljan vse do obljubljene dežele. Po njegovem posredovanju je judovsko ljudstvo prejelo kamniti plošči Postave in temelje bogočastja. Kako je Mojzes postal to, kar je postal? Kako je dosegel to uglašenost z Bogom, ki ga je sčasoma pripeljala do tega, da je postal velik blagor za ogromno ljudi, za vse svoje ljudstvo ter za vse nas, ki bomo prišli za njim?

Čeprav je bil Mojzes že od rojstva izbran od Boga – spomnimo se, da je čudežno preživel faraonovo preganjanje –, je presenetljivo, da se je z Gospodom srečal šele mnogo let pozneje. V mladosti se je zdel kot povsem običajen mož, ki

je zagotovo skrbel za svoj rod (prim. 2 Mz 2,11).
Njegovo preobrazbo morda najbolje pojasni dej-
stvo, da je bil sposoben poslušati Gospoda.[1] Da
bi postali to, k čemur smo poklicani, se mora-
mo tudi mi preoblikovati s pomočjo poslušanja.
Res je, da ni nekaj enostavnega doživeti, kar
nam pripoveduje Druga Mojzesova knjiga, da je
»Gospod govoril z Mojzesom iz obličja v obličje,
kakor govori človek s svojim prijateljem« (2 Mz
33,11). To je proces, ki običajno traja leta, celo
življenje, in velikokrat je treba *začeti znova* ter
se molitve učiti, kot da bi bili pri prvih korakih
našega pogovora z Gospodom.

»Mojzes, Mojzes!«

Odkriti nujnost molitve pomeni spoznati, da
»nas je on prvi vzljubil« (1 Jn 4,19) in da nam
je skladno s tem tudi *on prvi spregovoril*: »Bog je
ustvaril človeka po svoji podobi, po božji podo-
bi ga je ustvaril, moškega in žensko je ustvaril.
Bog ju je blagoslovil in Bog *jima je rekel ...*«
(1 Mz 1,27-28).[2] Bog, ki nas je na lastno po-
budo iz ljubezni ustvaril in izbral za posebno

---

[1] Benedikt XVI. v svoji katehezi o molitvi pravi: »Pri branju Stare zaveze med
drugimi posebej izstopa neki lik: Mojzes, ki je bil ravno človek molitve.« Splo-
šna avdienca, 1. 6. 2011.

[2] Enako velja za drugo poročilo o stvarjenju človeka: prim. 1 Mz 2,16.

poslanstvo, tudi v našem molitvenem življenju naredi prvi korak. V našem dialogu z Gospodom je on tisti, ki spregovori prvo besedo.

To začetno besedo lahko prepoznamo že v *želji* po Bogu, ki jo je sam zasejal v naša srca in ki se prebudi ob tisoč različnih izkušnjah. Mojzesu se je prvič prikazal na kraju Horeb, imenovanem tudi »Božja gora«. Tam se mu je »prikazal Gospodov angel. Pogledal je in glej, grm je gorel s plamenom, a ni zgorel. Mojzes je rekel: Moram stopiti tja in si ogledati to veliko prikazen, kako da grm ne zgori!« (2 Mz 3,2-3). Ne gre zgolj za radovednost ob nenavadnem dogodku, temveč za jasno zaznavo, da se dogaja nekaj presežnega, večjega od njega samega. Tudi nas lahko v življenju presenetijo dogodki, ki nam odprejo globljo razsežnost stvarnosti. Lahko gre za notranje odkritje nečesa, kar je prej bilo neopaženo: božjo navzočnost zaslutimo, ko prepoznamo katerega izmed njegovih darov ali ko vidimo, kako so nas težave utrdile v zrelosti in nas pripravile na spopadanje z različnimi izzivi ali nalogami. Lahko gre tudi za odkritje tega, kar nas obdaja: družina, prijatelji, narava … Tako ali drugače doživljamo potrebo po molitvi, zahvali, prošnji … in se obračamo k Bogu. To je prvi korak.

»Ko je Gospod videl, da prihaja gledat, ga je Bog poklical iz sredine grma in rekel: Mojzes, Mojzes! Rekel je: Tukaj sem« (2 Mz 3,4). Dialog se vzpostavi, ko se naš pogled sreča s pogledom Boga, ki nas je gledal že prej. In besede – kolikor so sploh potrebne – stečejo, ko dovolimo, da pridejo najprej na vrsto njegove. Če bomo to poskušali storiti sami, ne bomo mogli moliti. Bolje je, če se ozremo h Gospodu in se spomnimo njegove tolažilne obljube: »Jaz sem z vami vse dni do konca sveta« (Mt 28,20).

Zato je zaupanja polna vera temeljna sestavina vsake iskrene molitve. Pogosto je najboljši način za začetek molitve to, da prosimo našega Gospoda, naj nas on nauči. Tako so ravnali apostoli in to je pot, h kateri nas je spodbujal sv. Jožefmarija: »Če se ne čutiš pripravljenega, se obrni k Jezusu tako kot njegovi učenci: Nauči nas moliti! Izkusil boš, kako Duh prihaja na pomoč naši slabotnosti. Saj niti ne vemo, kako je treba za kaj moliti, toda sam Duh posreduje za nas z neizrekljivimi vzdihi, ki jih ni mogoče izraziti, ker ni primernega načina, ki bi opisal njihovo globino.«[3]

---

[3] Sv. Jožefmarija, *Božji prijatelji*, št. 244.

»Sezuj si sandale z nog«

Ob koncu nekajdnevnih duhovnih vaj je blažena Guadalupe Ortiz de Landázuri pisala svetemu Jožefmariju: »Večkrat sem vam že govorila o svojem zaupnem odnosu z Bogom, o svoji molitvi itd.: ko se malo potrudim, mi naš Gospod vse olajša in se mu popolnoma predam.«[4] Nagib k molitvi, in sama molitev, je božji dar. Istočasno pa se moramo vprašati, katera je pri tem naša vloga. Dialog z Gospodom je milost in prav zato ni zgolj nekaj pasivnega, kajti da bi ga prejeli, je treba to na neki način hoteti.

Kaj še lahko storimo za globoko molitveno življenje poleg tega, da ohranjamo pripravljenost na sprejemanje? Dober začetek je lahko zavedanje, pred kom se nahajamo, tako da se odzovemo z držo globokega spoštovanja in češčenja. V pogovoru na gori Horeb je Bog rekel: »Ne hôdi sem! Sezuj si sandale z nog, kajti kraj, kjer stojiš, je sveta zemlja! Potem je rekel: Jaz sem Bog tvojega očeta, Bog Abrahamov, Bog Izakov in Bog Jakobov. Tedaj si je Mojzes zakril obraz, kajti bal se je gledati v Boga« (2 Mz 3,5-6).

Največji izmed prerokov izraelskega ljudstva se je ob svojem prvem srečanju z Bogom odzval

---

[4] Pismo, 12. 12. 1949, v: *Pisma svetniku*, II.

tako, da si je sezul sandale in si zakril obraz. S tem je pokazal svoje zavedanje, da stoji pred presežnim Bogom. Nekaj podobnega lahko storimo mi, ko se Jezusu v tabernaklju približamo z držo češčenja. Med molitvenim bedenjem pred Jezusom v najsvetejšem zakramentu se je Benedikt XVI. izrazil z besedami, ki nam govorijo, kako častiti Gospoda: »Tu, v posvečeni hostiji, je on pred nami in med nami. Kot takrat je skrivnostno zakrit v sveti tišini in kot takrat prav na ta način razkriva resnično božje obličje. Zaradi nas je postal pšenično zrno, ki pade v zemljo in umre ter daje sad vse do konca sveta (prim. Jn 12,24). Navzoč je, kot je bil takrat v Betlehemu. Vabi nas na notranje romanje, ki se imenuje adoracija. Pojdimo sedaj na to romanje in ga prosímo, naj nas on vodi.«[5]

Drža češčenja se lahko v naši molitvi odraža na različne načine. Pred najsvetejšim zakramentom denimo pokleknemo v znamenje svoje majhnosti v razmerju do Boga. Kadar zaradi različnih razlogov ne moremo moliti pred Najsvetejšim, lahko opravljamo enakovredna dejanja, na primer pogledamo v notranjost svoje duše, da bi tam odkrili Gospoda, v duhu pokleknemo ter

---

[5] Benedikt XVI., Govor, 20. 8. 2005.

umirjeno izgovarjamo besede uvodne molitve ali kako drugo besedilo, ki nas spominja, da smo v njegovi navzočnosti.

»Oblak jo je pokrival«

V nekem drugem trenutku svojega pogovora z Bogom je Mojzes prejel plošči Postave. Prizor je pretresljiv in obenem prežet z veliko zaupnostjo: »Gospodovo veličastvo se je spustilo na Sinajsko goro in oblak jo je pokrival šest dni. Poklical je Mojzesa sedmi dan iz srede oblaka. Prikazen Gospodovega veličastva je bila na vrhu gore pred očmi Izraelovih sinov kakor požirajoč ogenj. Mojzes je šel v sredo oblaka in stopil na goro. Štirideset dni in štirideset noči je ostal na gori« (2 Mz 24,16-18).

Poleg tega, da je oblak razodeval božjo slavo in vnaprej ponazarjal navzočnost Svetega Duha, je tudi omogočil vzdušje zaupnosti v dialogu med prerokom in njegovim Stvarnikom. To nam sporoča, da je za molitev potrebna vaja v določenih veščinah, ki pripomorejo k zbližanju z Bogom: ljubezen do zunanje in notranje tišine, stanovitnost ter *disciplina poslušanja*, ki nam omogoča zaznati njegov glas.

Včasih nam je težko ceniti tišino, in če v molitvi ničesar ne slišimo, se nagibamo k temu, da čas zapolnimo z besedami, branjem ali celo s podobami in zvoki. Vendar se lahko zgodi, da na ta način, čeprav to počnemo z dobrim namenom, Gospoda ne bomo mogli slišati. Morda potrebujemo *spreobrnjenje k tišini*, ki je več kot zgolj molk. Sveti Jožefmarija je poleti 1932 zapisal besede, ki so bile pozneje vključene v knjigo *Pot* in nazorno povejo, da mora dialog z Bogom vedno slediti tej poti: »Tišina je kot vratar notranjega življenja.«[6]

Medtem ko nas zunanji zvoki in notranje strasti oddaljujejo od nas samih, nas tišina vodi k zbranosti in nas spodbuja, da se sprašujemo o svojem lastnem življenju. Aktivizem ali gostobesednost v molitvi nas ne približata Bogu niti nam ne omogočata kakega globokega izkustva. Če se prepustimo brezglavi zaletavosti, nam ne ostane časa za zbranost, premišljevanje, za doživetje globine, medtem ko nas tišina – notranja in zunanja – vodi k srečanju z Gospodom, k čudenju nad njim. Molitev namreč potrebuje tišino, ki ni zgolj negativna, izpraznjena, ampak je *polna Boga* in nam daje odkrivati njegovo navzočnost.

---

[6] Sv. Jožefmarija, *Pot*, št. 281.

Kot je dejala blažena Guadalupe: »… poglobiti se v to tišino, dokler ne pridemo tja, kjer je samo Bog in kamor brez našega dovoljenja ne morejo vstopiti niti angeli.« In tam »častiti Boga, ga hvaliti in mu govoriti mile besede«.[7] To je tišina, ki nam omogoča, da slišimo Boga.

Skratka, gre za to, da svojo pozornost – razum, voljo, čustva – osredotočimo na Boga in mu pustimo, da nas izzove. V ta namen si lahko zastavimo vprašanja, ki jih predlaga papež Frančišek: »Ali so v tvojem življenju trenutki, ko se postaviš pred njegovo navzočnost v tihoti, ostajaš z njim brez naglice, dovoliš, da te gleda? Ali dovoliš, da njegov ogenj razžari tvoje srce? Če ne dovoliš, da ga On hrani s svojim ognjem ljubezni in nežnosti, ne boš ogenj; kako boš potem ogreval srca drugih s svojim pričevanjem in svojimi besedami?«[8]

Poleg tišine je enako potrebna tudi stanovitnost, kajti moliti je naporno. Potreben je čas in trud, kakor v primeru Mojzesa, ki ga je oblak pokrival šest dni, šele sedmi dan pa je prejel Gospodovo besedo. Na prvem mestu je potrebna *zunanja* stanovitnost, tako da se držimo bolj ali

---

[7] Mercedes Eguíbar Galarza, *Guadalupe Ortiz de Landázuri. Trabajo, amistad y buen humor*, Palabra, Madrid 2001, str. 87.
[8] Frančišek, apost. spod. *Gaudete et exsultate*, št. 151.

manj fiksnega urnika molitve in vnaprej dolo-
čenega trajanja. To je bila stalnica med nasveti,
ki jih je ljudem dajal sv. Jožefmarija: »Medita-
cija. – Določen čas in ob določeni uri. – Sicer
se prilagodi našemu udobju: to je pomanjkanje
mrtvičenja. Molitev brez mrtvičenja pa ni zelo
učinkovita.«[9] Ta stalnost, če jo žene ljubezen, bo
vstopna točka v prijateljski odnos z Bogom, ki
bo prepojen z dialogom, kajti Bog se nam ne vsi-
ljuje: govori nam le, če to želimo. Z vztrajnostjo
izražamo in gojimo gorečo željo, da bi bili delež-
ni njegovih ljubečih besed.

Poleg zunanje je potrebna tudi *notranja* stal-
nost, ki spada k disciplini poslušanja: osredoto-
čiti moramo razum, ki je raztresen, spodbuditi
voljo, ki ni vedno pripravljena hoteti, ter gojiti
čustva, ki nas včasih ne spremljajo. To utegne biti
utrujajoče, še posebej, če moramo to početi po-
gosto, saj je motečih dražljajev veliko. Obenem
pa discipliniranega poslušanja ne smemo zame-
njati s pretirano rigidnostjo ali preveč metodič-
nimi koncentracijskimi vajami, saj molitev teče
upoštevajoč najrazličnejše okoliščine. V bistvu
teče tja, kamor Bog dopušča – »veter veje, koder
hoče« (Jn 3,8) –, vendar teče tudi po strugi, ki

---

[9] Sv. Jožefmarija, *Brazda*, št. 446.

sledi našim osebnim okoliščinam. Morda bomo kdaj dalj časa razmišljali o ljudeh, ki jih imamo radi, in zanje prosili Gospoda, kar je že lahko ljubezenski dialog.

Tukaj lahko navedemo nekaj konkretnih nasvetov, ki nam olajšajo disciplinirano poslušanje: beg od *večopravilnosti*, da bi se lahko osredotočili in bili med pogovorom navzoči brez razmišljanja o drugih stvareh; spodbujanje drže učenja ter ponižno priznavanje naše ničnosti in njegove vsemogočnosti, morda tudi s pomočjo molitvenih vzklikov in drugih kratkih molitev; zastavljanje odprtih vprašanj Gospodu, pri čemer mu pustimo prostor, da nam odgovori, kadar hoče, ali pa mu preprosto povemo, da smo pripravljeni storiti, kar nam bo nakazal; sledenje tempu in smeri, v katero nas vodi premišljevanje njegove ljubezni, in izogibanje motnjam, ki jih povzročajo druge, postranske misli; vaja v ohranjanju odprtega uma, tako da se pustimo presenetiti njemu in sanjamo božje sanje, ne da bi skušali svojo molitev pretirano nadzorovati. Na ta način se polagoma odpiramo Gospodovi skrivnosti in logiki, kar nam omogoča mirno sprejeti dejstvo, da ne vemo, kam nas bo popeljal.

»Pokaži mi svoje veličastvo«

Na začetku časa, namenjenega premišljevalni molitvi, upravičeno pričakujemo, da nam bo Gospod spregovoril, kar se včasih tudi zgodi. Lahko pa smo nekoliko razočarani, če ob koncu tega srečanja ugotovimo, da nismo slišali ničesar ali zelo malo. Kakorkoli že, ohraniti moramo prepričanje, da molitev *vedno obrodi sad*. Na gori Sinaj je Mojzes zaklical: »Pokaži mi, prosim, svoje veličastvo!« Zdi se, da hoče Gospod to željo potešiti: »Storil bom, da pojde mimo tebe vsa moja dobrota, in klical bom pred teboj ime Gospod. Izkazoval bom milost, komur hočem biti milostljiv, in usmilil se bom, kogar se hočem usmiliti.« Vendar pa se njegove besede nenadoma spremenijo, kar bi se lahko zdelo kot razočaranje: »Mojega obličja ne moreš videti; kajti noben človek me ne more videti in ostati živ. [...] Ko pojde moje veličastvo mimo, te bom postavil v razpoko v skali in te pokril z roko, dokler ne bom mimo. Ko bom potem odmaknil roko, me boš videl v hrbet, mojega obličja pa ne more videti nihče« (2 Mz 33,18-23). Če bi se Mojzes čutil razočaranega, ker ni mogel videti božjega obraza, kot si je želel, bi morda opustil svoje prizadevanje ali izgubil voljo do nadaljnjih srečanj.

Vendar se je, prav nasprotno, pustil voditi Bogu in tako je postal človek, s katerim je Gospod govoril »iz obličja v obličje« (5 Mz 34,10).

Ključ molitve ni v tem, da bi prejemali otipljive učinke, še manj pa v tem, da bi za nekaj časa zaposlili svoj um. V dialogu z Gospodom ne iščemo takojšnjega rezultata, ampak želimo doseči tisti kraj, tisto življenjsko stanje, da tako rečemo, v katerem je molitev vedno bolj istovetna z našim lastnim življenjem: z mislimi, čustvi, hrepenenji ... Gre za to, da *smo* z Gospodom, da se ves dan ohranjamo v njegovi navzočnosti. Skratka, glavni sad molitve je *življenje v Bogu*. Tako molitev dojemamo kot *posredovanje življenja*: to je podeljeno in živeto življenje, sprejeto in darovano življenje. Tedaj ni pomembno, če ne doživljamo gorečih občutij ali dih jemajočih razsvetljenj. Rečeno še mnogo preprosteje, vsebina naše molitve – kot nam je dejal sv. Jožefmarija[10] – bo vsebina našega življenja, in obratno, saj bo vse naše življenje postalo pristna molitev, ki bo tekla »v širokem, umirjenem in zanesljivem toku«.[11]

---

[10] Sv. Jožefmarija, *Jezus prihaja mimo*, št. 174.
[11] Sv. Jožefmarija, *Božji prijatelji*, št. 306.

5

Kako nam Bog govori

*NEKAJ NAMIGOV ZA ODKRIVANJE
NJEGOVEGA JEZIKA*

Pereja, dežela vzhodno od reke Jordan v današnji Jordaniji. Na vrhu hriba, ki se dviga tisoč sto metrov nad Mrtvim morjem, stoji mogočna trdnjava Maheront. Tja je Herod Antipa zaprl Janeza Krstnika (prim. Mr 6,17).[1] Mrzla in vlažna, v skalo vkopana ječa. Vse je temno. Vlada tišina. Janeza muči ena misel: čas teče, Jezus pa se ne pokaže tako jasno, kot je on pričakoval. Slišal je za njegova dela (prim. Mt 11,2), vendar se zdi, da o sebi ne govori kot Mesija. In ko ga naravnost vprašajo, molči. Je mogoče, da se je Janez zmotil? Toda on ga je jasno videl! Videl je Duha, ki se je kot golob spustil z neba in ostal na njem (prim. Jn 1,32-43). Zato v svoji zaskrbljenosti pošlje nekaj učencev, da bi Učitelja vprašali: »Ali si ti tisti, ki mora priti, ali naj čakamo drugega?« (Mt 11,3).

---

[1] Prim. Jožef Flavij, *Judovska zgodovina*, 18, 5, 2.

Jezus se odzove na nepričakovan način. Namesto neposrednega odgovora usmeri pozornost na svoja dela: »Slepi spregledujejo, hromi hodijo, gobavi so očiščeni, gluhi slišijo, mrtvi so obujeni, ubogim se oznanja evangelij.« Nekoliko negotov odgovor, vendar dovolj jasen za tiste, ki poznajo znamenja, ki so jih starodavne prerokbe Svetega pisma napovedale kot pripadajoča Mesiju in njegovemu kraljestvu: »Tvoji mrtvi bodo oživeli, moja trupla bodo vstala« (Iz 26,19); in še: »Tedaj bodo spregledale oči slepih, gluhim se bodo odprla ušesa« (Iz 35,5). Zato Gospod spodbuja Janeza k zaupanju ter zaključi: »In blagor tistemu, ki se ne spotakne nad menoj« (Mt 11,6).

V tem prizoru lahko prepoznamo položaj človeka, ki tako kot Janez misli, da pri molitvi Boga ne sliši. Tedaj nas Jezus povabi, naj gledamo z drugačnega zornega kota, naj opustimo iskanje človeške gotovosti in vstopimo v to skrivnostno igro, v kateri Gospod govori po svojih delih in Svetem pismu. V tistih sklepnih besedah – »blagor tistemu, ki se ne spotakne nad menoj« – odkrijemo poziv, naj z vero vztrajamo v molitvi, tudi če nam Bog kdaj ne odgovori, kot smo pričakovali.

Dejanja, ki lahko prekinejo tišino

Kdor začenja moliti, se mora pogosto soočiti z navideznim božjim *molkom*: »Jaz mu govorim, pripovedujem mu svoje zadeve, sprašujem ga, kaj naj storim, a mi ne odgovori, nič mi ne reče.« To je starodavna Jobova tožba: »Vpijem k tebi, a me ne uslišiš, stojim pred tabo, a ne paziš name« (Job 30,20). Zato se zlahka pojavi zmeda in človek si reče: »Vedno sem slišal govoriti, da je molitev dialog, meni pa Bog nič ne pove. Zakaj? Če Bog, kot pravijo, govori drugim ljudem …, zakaj ne govori meni? Kaj delam narobe?« To so dvomi molitvenega človeka, ki se lahko včasih razrastejo v skušnjavo zoper upanje: »Če mi Bog ne odgovori, čemu bi potem molil?« Oziroma, če je ta molk razumljen kot odsotnost, lahko nastopi celo skušnjava zoper vero: »Če mi Bog ne govori, potem ga ni.«

Kaj lahko rečemo na vse to? Prvič, da zanikanje obstoja Boga na podlagi njegovega navideznega molka ni logično. Bog bi se lahko iz kateregakoli razloga odločil molčati in to ne bi ničesar pridodalo k njegovemu obstoju ali neobstoju niti k njegovi ljubezni do nas. Vera v Boga – in v njegovo dobroto – je nad vsem drugim. Na vsak način pa je to lahko priložnost, da skupaj s psalmistom polni vere in zaupanja prosimo: »O Bog, ne bodi tiho, ne molči in ne miruj, o Bog!« (Ps 83,2).

Prav tako ne smemo dvomiti o svoji sposobnosti za poslušanje Boga. V človekovi notranjosti so *viri*, ki mu ob pomoči milosti dajejo slišati božjo govorico, četudi je ta sposobnost zaradi izvirnega greha in osebnih grehov oslabljena. Prvo poglavje Katekizma Katoliške cerkve se začne prav s to trditvijo: »Človek je zmožen Boga.« Sveti Janez Pavel II. jo je razložil takole: »Človek, kot pravi izročilo krščanske misli, je *capax Dei*: sposoben spoznati Boga in sprejeti dar njega samega, ki mu ga on namenja. Zares, ker je ustvarjen po božji podobi in sličnosti, ima sposobnost živeti z njim v osebnem odnosu«;[2] v osebnem odnosu, ki privzame obliko dialoga, sestavljenega iz besed in dejanj[3] … včasih pa samo iz dejanj, kot se dogaja tudi v človeški ljubezni.

Tako lahko na primer trenutek, ko se srečata pogleda dveh oseb, predstavlja tihi dialog – so pogledi, ki govorijo – in tudi zaupen pogovor človeka z Bogom je lahko takšen: kot »gledanje Boga in čutenje, da nas On gleda. Kakor tisti Jezusov pogled, namenjen Janezu, ki je za vedno

---

[2] Sv. Janez Pavel II., Splošna avdienca, 26. 8. 1998.
[3] Prim. *Katekizem Katoliške cerkve*, št. 2567.

zaznamoval življenjsko pot tega učenca.«[4] Kate-kizem pravi, da je »kontemplacija pogled vere«,[5] in marsikdaj je pogled lahko dragocenejši ter prinaša več vsebine, ljubezni in luči za naše življenje kot pa dolga vrsta besed. Ko je sv. Jožefmarija govoril o veselju, ki ga poraja kontemplativno življenje, je dejal, da »duša od prekipevanja spet zapoje novo pesem, ker čuti in tudi ve, da jo Bog ljubeče gleda ves čas«.[6] Izkustvo, ko se ne le zavedamo, da nas gleda, ampak ta pogled tudi začutimo, je dar, za katerega lahko ponižno prosimo kakor »božji berači«.[7]

Še nikoli ni nihče tako govoril

Sveta Terezija iz Kalkute pravi, da »pri ustni molitvi govorimo Bogu, v premišljevalni molitvi pa on govori nam, razliva se nad nas«.[8] To je en način, kako ubesediti nekaj neizrekljivega: Bog nam govori tako, da se *razliva* nad nas. Gre za to, da je molitev dejansko v veliki meri povezana skrivnostjo. To *skrivnostno srečanje* med Bogom in človekom, ki moli, poteka na mnoge načine,

---

[4] Sv. Jožefmarija, zapiski meditacije, 9. 1. 1959; v: *Mientras nos hablaba en el camino*, str. 98.

[5] *Katekizem Katoliške cerkve*, št. 2715.

[6] Sv. Jožefmarija, *Božji prijatelji*, št. 307.

[7] Prim. sv. Avguštin, *Sermo* 56, 6, 9.

[8] Sv. Terezija iz Calcute, *El amor más grande*, Urano, Barcelona 2012, str. 23.

vendar nekateri od njih niso že na prvi pogled
očitni, povsem razumljivi ali zlahka prepoznav-
ni. Katekizem Katoliške cerkve nas opozarja:
»Spoprijemati se moramo tudi z miselnostmi
'tega sveta'; te miselnosti nas prepojijo, če ni-
smo čuječi, na primer: resnično naj bi bilo samo
to, kar preverita razum in znanost (a molitev je
skrivnost, ki presega našo zavest in našo podza-
vest).«[9] Tako kot Janez Krstnik tudi mi pogosto
hrepenimo po očitnih dokazih, ki na področju
nadnaravnega niso vedno mogoči.

Način, kako Bog govori človeški duši, nas
presega, ne moremo ga popolnoma razumeti:
»Prečudovito je zame spoznanje, previsoko je,
ne morem ga doseči« (Ps 139,6). Naša abeceda
namreč ni božja abeceda, naš jezik ni njegov je-
zik, naše besede niso njegove besede. Ko Bog go-
vori, mu ni treba napenjati glasilk, in točka, kjer
ga slišimo, ni človeško uho, temveč najglobji in
najskrivnostnejši del našega bitja, ki ga včasih
imenujemo srce, včasih pa vest.[10] Bog govori iz
resničnosti, ki je on sam, in nagovarja resničnost
človeka, tako kot zvezda z drugo zvezdo ni po-
vezana z besedami, ampak z gravitacijsko silo.

---

[9] *Katekizem Katoliške cerkve*, št. 2727.
[10] »Vest je človekovo najbolj skrito jedro in svetišče, kjer je čisto sam z Bogom,
čigar glas zveni v človekovi notranjosti (*Gaudium et spes*, 16)«, *Katekizem Ka-
toliške cerkve*, št. 1776.

Bogu ni treba govoriti s pomočjo besed, čeprav lahko stori tudi to. Dovolj mu je, da govori po svojih delih in po skrivnostnem delovanju Svetega Duha v naših dušah, ki vzbudi naše srce, nagiba našo občutljivost in razsvetljuje naš um, da bi nas nežno pritegnil k sebi. Morda se tega sprva sploh ne bomo zavedali, vendar nam bo čas pomagal prepoznati učinke božjega delovanja v nas: morda bomo postali bolj potrpežljivi, bolj razumevajoči, bolje bomo delali, bolj cenili prijateljstvo, skratka, vedno bolj bomo ljubili Boga.

Zato *Katekizem Katoliške cerkve* v zvezi z molitvijo poudarja, da je »preoblikovanje srca, ki moli, prvi odgovor na našo prošnjo«.[11] Preoblikovanje, ki je običajno počasno in postopno, včasih neopazno, a povsem gotovo, ki se ga moramo naučiti prepoznati in biti zanj hvaležni. Takšno izkušnjo je sv. Jožefmarija opisal 7. avgusta 1931 z besedami: »Danes ta škofija obhaja praznik Gospodovega spremenjenja. – Ob obuditvi svojih namenov pri sveti maši sem se zavedel notranje spremembe, ki jo je Bog izvršil v meni v teh letih mojega bivanja v eks-prestolnici … In sicer meni samemu navkljub: brez mojega sodelovanja, bi lahko

---

[11] *Katekizem Katoliške cerkve*, št. 2739.

rekel. Mislim, da sem obnovil svoj sklep, da svoje celotno življenje usmerim v izpolnjevanje božje Volje.«[12] Ta *notranja sprememba*, ki jo prepoznamo v molitvi, je eden od načinov, kako govori Bog … in kakšen način! Potem lahko razumemo, kar so o Jezusu rekli tempeljski služabniki: »Še nikoli ni nihče tako govoril« (Jn 7,46). Bog govori tako, kot ne more govoriti nihče drug: tako da spreminja srce.

Božja beseda je učinkovita (prim. Heb 4,12), spreminja nas, njeno delovanje v naši duši nas presega. To je tisto, kar pravi sam Jahve po preroku Izaiju: »Kakor je nebo visoko nad zemljo, tako visoko so moje poti nad vašimi potmi in moje misli nad vašimi mislimi. Kajti kakor pride dež in sneg izpod neba in se ne vrača tja, ne da bi napojil zemljo, jo naredil rodovitno in brstečo, dal sejalcu seme in uživalcu kruh, tako bo z mojo besedo, ki prihaja iz mojih ust: ne vrne se k meni brez uspeha, temveč bo storila, kar sem hotel« (Iz 55,9-11). Ta skrivnostna učinkovitost nas vabi tudi k ponižnosti, ki je nepogrešljiva »priprava za prejem nezasluženega daru molitve«,[13] saj nam pomaga zaupati in se odpreti božjemu delovanju.

---

[12] Sv. Jožefmarija, *Zasebni zapiski*, št. 217, v: Andrés Vázquez de Prada, *Ustanovitelj Opus Dei*, 1. knjiga, str. 346.

[13] *Katekizem Katoliške cerkve*, št. 2559.

Nezaslišana božja svoboda

Bog govori, kadar hoče. Svetega Duha ne moremo omejevati in ga postaviti na naše tire. Ni v naši moči, da bi usmerjali njegovo delovanje v naših dušah. Sveti Jožefmarija je nekoč poudaril, da je v tabernaklju navzoči Jezus Kristus »Gospod, ki govori, ko hoče, ko to najmanj pričakujemo, in govori konkretne stvari. Nato umolkne, ker si želi odgovora naše vere in zvestobe.«[14] Kajti *v molitev vstopamo* ne skozi vrata čutov – vida, sluha, občutenja –, ampak »skozi ozka vrata vere«,[15] ki se odraža v naši skrbnosti in vztrajnosti, vloženi v čas molitve; ti dve drži, čeprav včasih tega ne opazimo takoj, vedno obrodita sadove.

To se je večkrat zgodilo tudi ustanovitelju Opus Dei; na primer 16. oktobra 1931, kot sam pripoveduje: »Hotel sem opraviti molitev po maši, v spokojnosti moje cerkve. Ni mi uspelo. Na Atochi sem kupil dnevnik (ABC) in stopil na tramvaj. Do trenutka, ko to pišem, nisem zmogel prebrati več kot odstavek časopisa. Začutil sem, kako priteka molitev vzgibov, obilna in goreča. Tako je bilo na tramvaju in vse do prihoda domov.«[16] Tistega dne poskuša sv. Jo-

---

[14] Sv. Jožefmarija, zapiski družinskega srečanja, 18. 6. 1972.

[15] *Katekizem Katoliške cerkve*, št. 2656.

[16] Sv. Jožefmarija, *Zasebni zapiski*, št. 334, v: Andrés Vázquez de Prada,

žefmarija moliti na odmaknjenem kraju, na videz brez uspeha. Nekaj minut pozneje pa ga v hrušču prenatrpanega tramvaja, ko se loti branja dnevnih novic, prevzame božja milost in doživi, kot je sam dejal, »najvišjo obliko molitve« v vsem svojem življenju.

Mnogi drugi svetniki so prav tako bili priča tej svobodi Boga, da nagovori človekovo dušo, kadar želi. Sveta Terezija Jezusova je to na primer opisala s prispodobo drv in ognja. Pogosto se ji je dogajalo, da kljub vsemu njenemu trudu – kljub nalaganju drv – ogenj molitve nikakor ni hotel zagoreti. Zapisala je: »Sama sebi sem se smejala in se veselila, da morem videti vso bedo duše, ki ji Bog ne naklanja milosti brez prestanka. [...] Ogenj božje ljubezni noče vzplamteti, čeprav duša nalaga nanj drva in tudi sicer stori, kar more. [...] Naj duša sama še toliko kuri in piha, ga bo prej gasila, ognja bo čedalje manj. Mislim, da je v takem primeru najbolje, če se vdamo v svojo nemoč [...],«[17] kajti Bog govori, kadar on hoče.

Istočasno pa vemo, da nam je Bog govoril že velikokrat; pravzaprav nam nikoli ne preneha govoriti. Naučiti se molitve na neki način

---

Ustanovitelj Opus Dei, 1. knjiga, str. 352–353.
[17] Sv. Terezija Avilska, *Lastni življenjepis*, Karmel Sora, 1998, 37. poglavje, 7.

pomeni naučiti se prepoznavati božji *glas* v njegovih delih, kot je Jezus sam nakazal Janezu Krstniku. Sveti Duh nikoli ne preneha delovati v naši notranjosti, zato je sv. Pavel lahko spomnil Korinčane, da »nihče ne more reči: 'Jezus je Gospod,' razen v Svetem Duhu« (1 Kor 12,3). To nas navdaja z mirom. Kdor to dejstvo pusti ob strani, lahko hitro zapade v obup: Nekateri ljudje, »ki iščejo Boga z molitvijo, hitro izgubijo pogum, ker ne vedo, da molitev prihaja tudi od Svetega Duha in ne samo od njih samih«.[18] Zato da pri molitvi ne bi nikdar izgubili poguma, je potrebno veliko zaupanje v Svetega Duha ter v njegovo mnogovrstno in skrivnostno delovanje v naših dušah: »Z božjim kraljestvom je kakor s človekom, ki vrže seme v zemljo. Spi in vstaja, ponoči in podnevi, seme pa klije in raste, da sam ne ve kako« (Mr 4,26-27).

Od znotraj ...

Bog govori tako, da deluje na naše lastne zmožnosti, ki jih lahko giblje od znotraj: z navdihi deluje na naš razum, z nagnjenji na naša čustva, s sklepi na našo voljo. Zato je koristno, kot nas je učil sv. Jožefmarija, da premišljevalno

---

[18] *Katekizem Katoliške cerkve*, št. 2726.

molitev zaključimo z besedami: »Hvala ti, moj Bog, za dobre sklepe, nagnjenja in navdihe, ki si mi jih naklonil v tej meditaciji.«

Ko pa o tem razmišljamo, se nam lahko zastavi vprašanje: »Kako naj vem, da mi govori On? Kako naj vem, da ti sklepi, nagnjenja in navdihi niso zgolj moje lastne domislice, želje in občutki?« Odgovor ni enostaven. Molitev je umetnost, ki se je učimo polagoma in s pomočjo duhovnega vodstva. Vseeno pa lahko rečemo, da vse, kar nas vodi k večji ljubezni do njega in drugih, k izpolnjevanju njegove volje, tudi če to vključuje žrtev in velikodušnost, prihaja od Boga. Mnogo je ljudi, ki so vajeni moliti in lahko zatrdijo: »Pri molitvi mislim na iste stvari kot čez dan, vendar z eno razliko, in sicer na koncu molitev v srcu vedno sklenem z besedami *'ne moja, ampak tvoja volja naj se zgodi'*, to pa se mi ob drugih priložnostih, izven molitve, ne dogaja.«

Bog pogosto govori neposredno v srcu, katerega jezik pozna bolje kot kdorkoli drug. To počne s pomočjo globokih želja, ki jih on sam zaseje. Zato poslušati Boga pogosto pomeni, da se poglobimo v svoje srce in si upamo predenj postaviti svoje želje, da bi prepoznali, kaj nas vodi k izpolnjevanju njegove volje in kaj ne.

Kaj si v resnici želim? Zakaj? Od kod prihajajo ti vzgibi? Kam me vodijo? Ali se slepim, če se pretvarjam, da jih ni, in se zanje ne zmenim? Ob teh vprašanjih, ki so nekaj normalnega za nekoga, ki hoče živeti molitveno življenje, nam papež Frančišek svetuje: »Da se ne bi zmotili, [...] se moramo vprašati: Poznam samega sebe, še naprej od videza ali [...] občutij? Vem, kaj razveseljuje ali žalosti moje srce?«[19]

Poleg tega, da Bog nagovarja naše srce in razum, nam govori tudi po naših *notranjih čutih*: govori po naši domišljiji, tako da nam prikaže kak prizor ali podobo, in govori našemu spominu, ko vanj prikliče dogodke ali besede, ki so lahko odgovor na našo molitev ali pa nam kažejo njegove želje. Tako se je 8. septembra 1931 zgodilo svetemu Jožefmariju. V cerkvi Zavoda za bolne v Madridu je molil, nekako brez prave volje in s tavajočo domišljijo, kot je sam dejal. Nakar, nam pripoveduje, »sem se zavedel, da nehote ponavljam neke latinske besede, na katere nisem bil nikdar pozoren in ni bilo razloga, da bi jih hranil v spominu: celo sedaj jih moram, če se jih hočem spomniti, prebrati z lističa, ki ga vedno nosim v žepu, da si zapišem, kar hoče Bog (na ta listič,

---

[19] Frančišek, apost. spod., *Christus vivit*, 25. 3. 2019, št. 285.

o katerem govorim, sem nagonsko, iz navade, prav tam, na prezbiteriju, zapisal stavek, ne da bi mu pripisoval posebno težo). Takole se glasijo svetopisemske besede, ki sem jih našel na svojih ustnicah: *Et fui tecum in omnibus ubicumque ambulasti, firmans regnum tuum in aeternum.* S svojim razumom sem skušal ugotoviti pomen stavka, medtem ko sem ga počasi ponavljal. In pozneje, včeraj popoldne, in danes, ko sem te besede znova prebral (kajti – ponavljam – kot da bi se Bog trudil potrditi, da so bile njegove, si jih ne uspem zapomniti), sem dobro razumel, da mi je Kristus-Jezus dal doumeti, nam v tolažbo, da bo Božje delo ob Njem vsepovsod in bo utrjevalo kraljestvo Jezusa Kristusa za vedno.«[20]

Da bi nam spregovoril, lahko Bog uporabi tudi zapiske, ki smo si jih naredili na duhovnih vajah ali pri kaki dejavnosti krščanskega izobraževanja, zlasti ko jih ponovno prebiramo v molitvi in skušamo doumeti njihov pomen. Tam bomo morda odkrili vodilno nit ali ponovitve nekaterih reči, kar nam bo dalo namig, kaj nam Gospod želi povedati.

---

[20] Sv. Jožefmarija, *Zasebni zapiski*, št. 273; v: Andrés Vázquez de Prada, *Ustanovitelj Opus Dei*, 1. knjiga, str. 349–350.

Nenehno šepetanje

Res je, da Gospod kdaj pa kdaj spregovori na jasen in nadnaraven način, vendar običajno ni tako. Navadno Bog govori po tiho, zato včasih ne zaznamo drobnih daril – sklepov, nagnjenj, navdihov –, ki nam jih ponuja v preprosti molitvi. Lahko se nam zgodi kakor sirskemu vojskovodji Naamánu, ki je na poziv preroka Elizeja, naj se sedemkrat okopa v reki, da bi bil ozdravljen gobavosti, jezno odgovoril in se pritoževal, češ, da je pričakoval, »da bo gotovo prišel ven, se ustopil in klical ime Gospoda, svojega Boga, mahal z roko nad bolnim mestom in tako ozdravil gobavost« (2 Kr 5,11). Naamán se je sicer obrnil k Izraelovemu Bogu, vendar je pričakoval nekaj senzacionalnega, celo hrupnega. Na srečo so ga njegovi služabniki pregovorili, da je še enkrat razmislil: »Ko bi ti prerok ukazal kaj težkega, mar ne bi tega storil? Koliko bolj, ko ti je naročil: Umij se in boš čist!« (2 Kr 5,13). Vojskovodja se je vrnil, da bi naredil, kar mu je veleval ta, na videz kar preveč enostaven napotek, in tako je prišel v stik z odrešujočo božjo močjo. V molitvi velja ceniti tista drobna razsvetljenja o *že znanih rečeh*, vzgibe Svetega Duha v smeri *vedno istega*, nagnjenja brez posebne razvnetosti, *lahko uresničljive* sklepe, ne da bi jih omalovaževali kot nekaj banalnega, kajti vse to lahko prihaja od Boga.

Na neko vprašanje v zvezi z molitvijo je kardinal Ratzinger takole odgovoril: »Bog običajno ne govori preveč glasno, vendar nas vedno znova nagovarja. To, da je slišan, je seveda odvisno od tega, ali sta sprejemnik, da tako rečemo, in sporočevalec med seboj uglašena. V današnjem času, s sedanjim načinom življenja in razmišljanja, je med njima preveč motenj, zato je uglaševanje še posebej težko … Očitno je, da Bog ne govori preveč glasno, vendar nam skozi vse življenje govori po znamenjih ali po srečanjih z drugimi ljudmi. Dovolj je že, da smo vsaj malo pozorni in da se ne pustimo popolnoma prevzeti zunanjim stvarem.«[21] Ta sposobnost pozornosti ima veliko opraviti z notranjo, včasih tudi z zunanjo zbranostjo in je nekaj, v čemer se je treba uriti. Da bi mogli zaznati Boga, si moramo zagotoviti trenutke, ko zaustavimo vsakdanji vrvež in se skupaj z njim soočimo z močjo samote. Potrebujemo tišino.

Dejstvo je, da nam Bog govori na tisoč načinov. Lahko se zgodi, da smo na njegove darove že tako navajeni, da jih ne opazimo več, da ga ne prepoznamo, kot se je zgodilo Jezusovim

---

[21] Joseph Ratzinger, *Sol zemlje.*

rojakom: »Ali ni to tesarjev sin? Ali ni njegovi materi ime Marija, njegovim bratom pa Jakob, Jožef, Simon in Juda? In njegove sestre, ali niso vse pri nas?« (Mt 13,55-56). Prositi je treba Svetega Duha, naj nam odstre oči, odpre ušesa, prečisti srce in razsvetli zavest, da bomo znali prepoznati njegovo nenehno šepetanje, tisto nesmrtno šumenje v naši notranjosti.

Bog nam je že spregovoril

Ko Jezus učencem Janeza Krstnika v odgovor na njihovo vprašanje našteje svoja znamenja – »slepi spregledujejo, hromi hodijo, gobavi so očiščeni, gluhi slišijo, mrtvi so obujeni, ubogim se oznanja evangelij« (Mt 11,5) –, s tem oznanja izpolnitev starodavnih svetopisemskih prerokb o Mesiju. Bog nam je namreč na posebej odličen način govoril in govori vsakemu od nas po Svetem pismu: »Oče, ki je v nebesih, prihaja v svetih knjigah ljubeče svojim otrokom naproti in se z njimi pogovarja.«[22] Zato mora »branje Svetega pisma spremljati molitev, da to branje postane pogovor med Bogom in človekom; kajti Boga, 'njega nagovarjamo, kadar molimo; njega

---

[22] Drugi vatikanski koncil, dogm. konst. *Dei Verbum*, št. 21; prim. *Katekizem Katoliške cerkve*, št. 2700.

poslušamo, kadar beremo božje izreke' (sv. Ambrož, Off. 1, 88)«.[23] Besede Svetega pisma niso samo *navdihnjene od* Boga, ampak nas tudi *navdihnejo z* Bogom.

Boga na poseben način slišimo v evangelijih, ki vsebujejo besede in dejanja našega Gospoda Jezusa Kristusa. To izpostavlja tudi avtor Pisma Hebrejcem: »Velikokrat in na veliko načinov je Bog nekoč govoril očetom po prerokih, v teh dneh poslednjega časa pa nam je spregovoril po Sinu« (Heb 1,1-2). Sveti Avguštin je dejal, da je evangelij kakor »Kristusova usta: on sedi v nebesih, vendar nenehno govori na zemlji«.[24] Zato naša molitev živi iz meditacije evangelija; ko ga beremo, premišljujemo, znova prebiramo že prebrano, ko si njegove besede vtisnemo v spomin in se vedno znova vračamo k njim, takrat Bog govori našemu srcu.

Sveti Jožefmarija je skladno z izročilom Cerkve stalno priporočal poslušanje Boga s pomočjo meditacije evangelijev: »Svetujem ti, da se pri svoji molitvi postaviš v odlomke iz evangelija, kakor še ena oseba več. Najprej si zamisliš prizor ali skrivnost, ki ti bo služila, da se boš lahko zbral

---

[23] Drugi vatikanski koncil, dogm. konst. *Dei Verbum*, št. 25; prim. *Katekizem Katoliške cerkve*, št. 2653.
[24] Sv. Avguštin, Sermo 85, 1.

in premišljeval. Nato uporabiš razum za premišljevanje tistega delčka Učiteljevega življenja: njegovo razneženo srce, njegovo ponižnost, njegovo čistost, njegovo izpolnjevanje Očetove volje. Potem mu pripoveduj, kar se navadno tebi dogaja v teh rečeh, kako ti gre. Bodi pozoren, ker ti bo On morda hotel nekaj pokazati: pojavili se bodo tisti notranji vzgibi, tista zavedanja, tisti očitki.«[25] Naša prizadevnost se pokaže v konkretnih dejanjih: *zamislimo* si prizor, *vstopimo* v evangeljske odlomke, *premišljujemo* o kaki Učiteljevi lastnosti, mu *pripovedujemo*, kaj se nam godi … In temu sledi možen božji odgovor: da nam *nakaže* to ali ono, da v naši duši *prebudi* notranje vzgibe, da nam *da kaj spoznati*. Tako se gradi dialog z njim.

Še ob neki drugi priložnosti nas je sv. Jožefmarija k premišljevanju in posnemanju Jezusa Kristusa spodbudil z naslednjimi besedami: »Bodi ti sam eden izmed nastopajočih v tej božanski zgodbi in reagiraj. Opazuj Kristusove čudeže, poslušaj, kako se k njemu stekajo množice, izmenjaj si kako prijateljsko besedo z dvanajsterimi … Zazri se Gospodu v oči in se zaljubi vanj, da boš ti sam postal drugi Kristus.«[26] Zrenje, posluša-

---

[25] Sv. Jožefmarija, *Božji prijatelji*, št. 253.
[26] Sv. Jožefmarija, Zapiski z meditacije, 12. 10. 1947; v: *Mientras nos hablaba en el camino*, str. 36.

nje, izmenjava prijateljskih besed, gledanje … so
dejanja, za katera je treba prebuditi in spraviti v
tek naše notranje zmožnosti in čute, našo domi-
šljijo in razum. Kajti vsak izmed nas je tam nav-
zoč, na vsaki strani evangelija. Vsak prizor, vsako
Jezusovo dejanje daje smisel mojemu bivanju in
ga osvetljuje. Njegove besede nagovarjajo prav
mene in so opora mojemu življenju.

6

Iskanje povezave

MOLITEV V POČASNEM POSNETKU

V prejšnjem stoletju se je veliko govorilo o domnevnem obstoju *rdečega telefona*, s pomočjo katerega naj bi komunicirala voditelja dveh svetovnih velesil, čeprav sta bila več tisoč kilometrov oddaljena drug od drugega. Zamisel, da bi se bilo mogoče neposredno pogovarjati z ljudmi, ki so tako daleč, je v tistem času vzbudila silno presenečenje. Mobilne naprave, kakršne poznamo danes, so bile takrat še nepredstavljive. V zvezi s tistim telefonskim aparatom je sv. Jožefmarija leta 1972 dejal, da imamo »z Bogom, našim Gospodom, direktno povezavo, veliko bolj direktno […]. Tako je dober, da je vedno na razpolago, da nas ne pusti čakati.«[1]

Po veri vemo, da je Gospod vedno na drugi strani zveze. In vendar imamo pogosto težave s tem, da bi ga slišali ali vztrajali v času premišljevalne

---

[1] Sv. Jožefmarija, Zapiski z družinskega srečanja, 8. 11. 1972.

molitve, ki smo si ga določili. Nekateri ljudje to opišejo rekoč, da »jim ne uspe vzpostaviti povezave z Bogom«. To je boleča izkušnja, ki lahko privede do opuščanja molitve. Verjetno smo to izkusili tudi sami. Včasih, ne glede na to, kako zelo se trudimo, tudi če to počnemo že leta, imamo še vedno občutek, da ne znamo govoriti z Bogom. Čeprav vemo, da imamo z njim neposredno zvezo, ne znamo izstopiti iz notranjega monologa, ne dosežemo bližine, po kateri tako hrepenimo.

Papež Frančišek nam pravi, da »je treba ohranjati povezavo ('priklopljenost') z Jezusom [...]. Kakor te skrbi, da ne bi izgubil 'priklopa' na internet, poskrbi tudi, da bo priklop na Gospoda dejaven, kar pomeni, da ne boš prekinjal pogovora z njim, da ga boš poslušal, mu pripovedoval svoje stvari.«[2] Kako lahko ostanemo budni na drugi strani zveze? Kaj lahko storimo, da bo naša molitev dialog, pogovor v dvoje? Kako lahko z leti še naprej rastemo v zaupnosti z Gospodom?

Gleda jih z obrežja

Po vstajenju učenci odidejo v Galilejo, ker je Gospod svetim ženam rekel: »Tam me bodo videli.« (Mt 28,10). Dani se. Peter in Janez ter še

---

[2] Frančišek, apost. spod. *Christus vivit*, št. 158.

pet drugih po celonočnem ribarjenju brez uspeha veslajo proti bregu. Jezus jih gleda z obrežja (prim. Jn 21,4). Podobno kot v tistem prizoru se tudi mi, kadar se lotimo premišljevalne molitve, postavimo v Jezusovo navzočnost, saj vemo, da nas čaka; opazuje nas z obrežja v drži pričakovanja in poslušanja. Če si predstavljamo, da je Gospodov pogled uprt v nas, nam bo to pomagalo pri molitvi. Tudi mi ga želimo gledati: »Naj te vidim – v tem je srčika molitve.«[3] Začetek dialoga z Bogom je dejansko srečanje pogledov dveh oseb, ki se imata radi: »Gledati Boga in pustiti, da nas Bog gleda: to je molitev.«[4]

Želimo pa si tudi slišati njegove besede, zaznati, kako zelo nas ljubi, in spoznati njegove želje. Učenci tisto noč niso ujeli ničesar, toda Jezus jih nagovori; dá jim navodilo, da se ne bi vrnili praznih rok: »Vrzite mrežo na desno stran čolna in boste našli« (Jn 21,6). Dobri pogovori so pogosto odvisni od uglašenosti, ki jo sogovornika vzpostavita s prvimi besedami. Prav tako so prve minute molitve pomembne, ker dajejo ton preostalemu času. Če se bomo potrudili dobro začeti pogovor, bomo lažje ohranjali živ dialog v nadaljevanju.

---

[3] Benedikt XVI., Avdienca, 4. 5. 2011.
[4] Frančišek, Avdienca, 13. 2. 2019.

Do tistega trenutka so ribiči v čolnu oklevali. Ko pa so videli z ribami napolnjene mreže, ko so spoznali, da je bil dialog z Jezusom učinkovitejši od mnogih ur samotnega truda, je Janez dejal Petru: »Gospod je« (Jn 21,7). Ta gotovost je že začetek molitve: Gospod je tukaj, ob meni, ne glede na to, ali sem pred tabernakljem ali kje drugje.

Kakor Sveti Duh dopušča

Učenci mukoma vlečejo s polnimi mrežami obtežen čoln in prispejo do obale. Tam sledi nepričakovani zajtrk: kruh in pečene ribe. Sedijo ob ognju in jedo v tišini. Nihče od njih »si ga ni drznil vprašati: Kdo si ti? Vedeli so namreč, da je Gospod« (Jn 21,12). Breme pogovora prevzame Jezus. Ključno pri molitvi je gotovo to, da se bolj zanašamo na božje delovanje kot pa na prizadevanje lastnega srca. Ko so svetega Janeza Pavla II. vprašali, kakšna je njegova molitev, je odgovoril: »To bi bilo treba vprašati Svetega Duha! Papež moli tako, kot mu dovoli moliti Sveti Duh.«[5] Najpomembnejši element je *ti*, saj je Bog tisti, ki prevzame pobudo.

---

[5] Sv. Janez Pavel II., *Prestopiti prag upanja*, Mladinska knjiga, Ljubljana 1995, str. 47.

Ko se postavimo v božjo navzočnost, je treba *utišati hrup* in si prizadevati za notranjo tišino, kar zahteva določen napor. Tako bomo lažje prisluhnili Jezusovemu glasu, ki nas sprašuje: »Otroci, imate kaj hrane?« (Jn 21,5); ki nam pravi: »Prinesite ribe« (Jn 21,10); ali ki nas prijazno prosi: »Hôdi za menoj!« (Jn 21,19). Zato Katekizem Katoliške cerkve poudarja, da se je treba boriti, zato da bi se *odklopili* in bi lahko potem *vzpostavili povezavo*, ter bi na ta način mogli govoriti z Bogom v samoti svojega srca.[6] Svetniki so pogosto ponavljali ta nasvet: »Za trenutek pusti ob strani svoja običajna opravila; za hip stopi vase, daleč proč od vrveža svojih misli. Odvrzi težke skrbi, preženi od sebe to, kar te vznemirja [...]. Vstopi v prebivališče svoje duše; izključi vse razen Boga in vsega, kar ti lahko pomaga, da ga najdeš; in tako, za zaprtimi vrati, pojdi za Njim. Tedaj, moja duša, reci Bogu: 'Tvoje obličje, Gospod, iščem' (Ps 27,8).«[7]

To ne bo vedno enostavno, saj naloge in skrbi silno zaposlujejo naš spomin in domišljijo ter lahko zapolnijo našo notranjost. Čarobne paličice seveda ni, saj je neprekinjeno zbranost težko ohraniti in so motnje ponavadi neizogibne. Sveti

---

[6] Prim. *Katekizem Katoliške cerkve*, št. 2725.
[7] Sv. Anzelm, *Proslogion*, 1. pog.

Jožefmarija nam je svetoval, naj jih spremenimo v témo pogovora z Jezusom in jih izkoristimo, tako da molimo za tisto, »kar je vsebina te motnje, za tiste osebe, ter pustimo delovati našemu Gospodu, ki iz vsakega cveta vedno napravi, kar sam hoče«.[8] Dobro je tudi poiskati za molitev primeren čas in kraj; lahko sicer molimo kjerkoli, vendar pa vse okoliščine ne spodbujajo dialoga in niso v isti meri odraz iskrene želje po molitvi.

Uvodna molitev – vzpostavljanje povezave

Da bi bilo *povezavo* lažje vzpostaviti, je sveti Jožefmarija ljudem priporočal uvodno molitev, ki jo je tudi sam uporabljal.[9] Ta molitev nas navaja, naj začnemo z dejanjem vere in ponižno držo: »Verujem, da si tukaj«, »častim te v globoki predanosti«. To je preprosto način, kako Jezusu reči: »Prišel sem, da bi bil s teboj, želim govoriti s teboj in želim, da bi tudi ti govoril z mano; te trenutke posvečam tebi v upanju, da mi bo to srečanje pomagalo k tesnejši združitvi s tvojo voljo.« Z besedama »trdno verujem« izražamo neko dejstvo, pa tudi željo; Gospoda prosimo,

---

[8] Sv. Jožefmarija, Zapiski z družinskega srečanja, 21. 2. 1971.

[9] Ta molitev se glasi: »Moj Gospod in moj Bog, trdno verujem, da si tukaj, da me vidiš, da me slišiš. Častim te v globoki predanosti. Prosim te odpuščanja za svoje grehe in milosti, da bi ta molitev obrodila sadove. Mati moja Brezmadežna, sveti Jožef, moj oče in gospod, moj angel varuh, posredujte zame.«

naj pomnoži našo vero, saj vemo, da je »vera tista, ki daje molitvi krila«.[10] To dejanje vere nas takoj privede do češčenja, s katerim po eni strani priznavamo njegovo veličino, hkrati pa mu pokažemo svojo odločenost, da se prepustimo njegovim rokam. Takoj zatem priznamo svoje slabosti in prosimo za odpuščanje in milost, kajti »ponižnost je temelj molitve«.[11] Vemo, da smo majhni v primeri z njegovo veličino in da nam primanjkuje lastnih moči. Molitev je zastonjski dar, za katerega mora človek prositi kot berač. Zato je sveti Jožefmarija dejal, da je »molitev ponižnost človeka, ki priznava svojo globoko bedo«.[12]

Vera, češčenje, prošnja za pomoč in prošnja za odpuščanje – štirje načini gibanja srca, ki nas pripravljajo na vzpostavitev *dobre povezave*. Lahko nam je v pomoč, če umirjeno ponavljamo to uvodno molitev in jo v miru »okušamo«, besedo za besedo. Morda bo koristno, če jo večkrat ponovimo, dokler se naša pozornost ne osredotoči na Gospoda. Ravno tako utegne biti koristno, če si sami sestavimo kakšno bolj osebno uvodno molitev in jo uporabimo, kadar v sebi čutimo pustoto in raztresenost. Ko smo raztreseni ali so

---

[10] Sv. Janez Klimak, *La escala del Paraíso*, 28. stopnja.

[11] *Katekizem Katoliške cerkve*, št. 2559.

[12] Sv. Jožefmarija, *Brazda*, št. 259.

naše misli prazne, je za krepitev pozornosti in umiritev duše na sploh koristno, če počasi ponavljamo kakšno ustno molitev (na primer očenaš ali molitev, ki nas v tistem trenutku najbolj nagovarja): enkrat, dvakrat, trikrat, pri tem pa pazimo na ritem, se zadržimo ob kaki besedi ali katero od njih zamenjamo.

Goreč kres – dialog

Ta začetna povezava je predhodni korak, ki nas uvaja v jedro premišljevalne molitve, v »pogovor z Bogom [...] od srca k srcu, pri katerem sodeluje vsa duša: razum in domišljija, spomin in volja«.[13] Vrnimo se v tisto jutro, ko so bili učenci osupli nad čudežnim ribolovom; Jezus prižge ogenj, da bi na njem pripravil jed. Pomislimo, kako je pri tem ravnal, kako je spretno dosegel, da je ogenj zagorel. Če si molitev predstavljamo kot majhen plamen, ki ga želimo ohraniti in okrepiti, moramo najprej poiskati primerno *gorivo*.

Gorivo, ki daje moč našemu plamenu, so običajno opravila, s katerimi se ukvarjamo, in naše osebne okoliščine: téma pogovora je naše življenje. Naše radosti, tegobe in skrbi so najboljši povzetek tega, kar nosimo v srcu. Preprosto

---

[13] Sv. Jožefmarija, *Jezus prihaja mimo*, št. 119.

povedano, naš pogovor se tesno prilega terenu vsakdanjega življenja, tako kot si lahko predstavljamo, da je potekal tudi tisti zajtrk, ki so ga učenci imeli z Jezusom po njegovem vstajenju. Marsikdaj se bo pogovor začel z besedami: »Gospod, ne znam.«[14] Krščanska molitev ni omejena na to, da Bogu odpremo svojo notranjost, saj se naš ogenj na poseben način napaja s Kristusovim življenjem. Z Bogom se pogovarjamo tudi o njem, o njegovem bivanju na zemlji, o njegovem hrepenenju po odrešitvi sveta. Ob vsem tem, ker se čutimo odgovorne za svoje brate in sestre, »kristjan ne pusti sveta pred vrati svoje sobe, ampak nosi v svojem srcu ljudi in situacije, težave, premnoge stvari«.[15]

Od tod naprej bo vsakdo sam iskal načine molitve, ki mu najbolj ustrezajo. Ni fiksnih pravil. Zagotovo nam uporaba kakšne določene metode omogoča, da vemo, kaj naj storimo, dokler ne zaznamo božje pobude. Nekaterim ljudem denimo pomaga, če imajo prilagodljiv načrt premišljevalne molitve za ves teden. Včasih je lahko zelo koristno, če sproti zapisujemo, kar govorimo Bogu, saj nas to varuje pred raztresenostjo. Molitev bo potekala na en način v

---

[14] Sv. Jožefmarija, *Božji prijatelji*, št. 244.
[15] Frančišek, Avdienca, 13. 2. 2019.

obdobjih intenzivnega dela in na drug način v mirnejših časih; prav tako bo usklajena z liturgičnim delom leta, v katerem se nahaja Cerkev. Odpirajo se nam številne poti: lahko se potopimo v kontemplacijo evangelija in iščemo Gospodovo presveto človeškost ali meditiramo na določeno temo ob dobri knjigi, zavedajoč se, da branje pripomore k izpraševanju vesti. Prišli bodo dnevi, ko bo v ospredju prošnja, zahvala ali češčenje; umirjeno ponavljanje molitvenih vzklikov je dobra pot v trenutkih notranjega nemiru; drugič bomo molčali ob zavedanju, da nas Jezus in Marija ljubeče spremljata. Konec koncev pa, ne glede na to, v katero smer nas žene Sveti Duh, nam bo vsak izmed konkretnih načinov molitve omogočal »spoznavati Njega in sebe«.[16]

Veter in listje

Poleg dobrega *goriva* je treba upoštevati tudi ovire, na katere lahko naletimo pri vzdrževanju ognja: *veter* domišljije, ki skuša ugasniti šibek začetni plamen, in *vlažno listje* majhnih šibkosti, ki jih želimo sežgati.

Domišljija ima pri dialogu zagotovo pomembno vlogo in velja jo uporabiti zlasti takrat,

---

[16] Sv. Jožefmarija, *Pot*, št. 91.

ko razmišljamo o Gospodovem življenju. Obenem pa ji pravijo tudi *domača norica* in pogosto igra vodilno vlogo v naših namišljenih svetovih. Če je domišljija preveč prosta in nenadzorovana, postane vir raztresenosti. Zato je treba ubraniti plamen pred sunki vetra, ki ga skušajo pogasiti, istočasno pa izkoristiti dobre sape, ki ogenj razvnemajo. Pri srečanju vstalega Kristusa z učenci ob Genezareškem jezeru opazimo neko pomembno podrobnost. Le eden od njih je bil na Kalvariji, sveti Janez, in prav on odkrije Gospoda. Ob stiku s križem se je prečistil njegov pogled: postal je jasnejši in rahločutnejši. Trpljenje zgladi pot molitve, notranje mrtvičenje pa vodi domišljijo, da razvnema ogenj in preprečuje, da bi se sprevrgla v neobvladljiv veter, ki bi ga zadušil.

Naposled je treba pomisliti tudi na *vlažno listje*. V naši notranjosti se nahaja pravo podzemlje slabih spominov, drobnih zamer, občutljivosti, zavisti, primerjav z drugimi, čutnosti in željá po uspehu, ki nas silijo k osredotočanju na samega sebe. Molitev nas vodi ravno v nasprotno smer: k samopozabi s ciljem, da se usmerimo k Njemu. V molitvi je treba to čustveno ozadje prevetriti, prinesti to vlažnost na svetlo, jo postaviti na sonce, pred Boga, in reči: »Glej, vse te, tako slabe reči polagam predte, Gospod, očisti jih.« Tedaj ga bomo prosili, naj nam pomaga odpuščati, pozabljati, se veseliti dobrega drugih, videti pozitivno plat stvari, zavračati skušnjave ter hvaležno sprejemati ponižanja. Tako bo izhlapela tista vlaga, ki bi sicer lahko ovirala naš pogovor z Bogom.

Želja, ki traja

Povezava, dialog in sklep. Zaključni del molitve je trenutek, ko se lahko *zadržimo* in ugotovimo, kaj lahko ponesemo s seboj. Zato je sv. Jožefmarija priporočal, da se na koncu v razmisleku osredotočimo na »dobre sklepe, nagnjenja in navdihe«.[17] Potem ko smo govorili z Bogom, se preprosto poraja želja po poboljšanju, po izpolnjevanju njegove volje. Ta želja, je dejal sveti Avguštin, je že dobra molitev: dokler boš v sebi gojil željo, boš molil.[18] Te namere se lahko izrazijo v obliki sklepov, ki so pogosto konkretni in praktični. V vsakem primeru nas molitev spodbudi, da ure, ki sledijo, preživimo v božji

---

[17] Celotna zaključna molitev, ki jo je priporočal sv. Jožefmarija, se glasi: »Hvala ti, moj Bog, za dobre sklepe, nagnjenja in navdihe, ki si mi jih naklonil v tej meditaciji. Pomagaj mi, da jih prenesem v dejanja. Mati moja Brezmadežna, sveti Jožef, moj oče in gospod, moj angel varuh, posredujte zame.«

[18] Prim. sv. Avguštin, *Enarrat. in Ps.* 37, 14.

navzočnosti. Nagnjenja oziroma čustveni vzgibi so med molitvijo lahko prisotni v večji ali manjši meri; niso vedno pomembni; vendar pa, če pri molitvi nikoli ne bi bilo čustev, bi se najbrž morali vprašati, kam običajno polagamo svoje srce. Seveda ni nujno, da gre za čutno zaznavna izkustva, kajti notranje vzgibe lahko vzbudi tudi umirjena želja človekove volje, na primer takrat, ko nekdo *hoče hoteti.*

Navdihi so božja razsvetljenja, ki si jih velja zabeležiti, saj nam bodo v veliko pomoč pri molitvi v prihodnje. Sčasoma lahko ti zapiski postanejo dobro gorivo za prebujanje duše v sušnih trenutkih, kadar smo otopeli ali brezvoljni. Čeprav se nam ob doživljanju teh navdihov zdi, da jih ne bomo nikoli pozabili, pa vseeno čas spomine zabriše. Zato jih je dobro zapisati, ko so še sveži, ko jih spremlja posebna živost: »Tiste besede, ki so te med molitvijo prizadele, si vtisni v spomin ter jih čez dan večkrat počasi izgovarjaj.«[19]

Ne pozabimo na pomoč, ki nam jo nudijo naši nebeški zavezniki. Ko se počutimo šibke, se obrnemo k njim, ki so Bogu najbližje. To lahko storimo na začetku ali na koncu, pa tudi takrat, ko začutimo, da nam je težko ohranjati plamen

---

[19] Sv. Jožefmarija, *Pot*, št. 103.

pri življenju. Na poseben način bodo navzoči naša Mati, njen mož Jožef in angel varuh, ki nam bo »prinesel svetih navdihov«.[20]

---

[20] Sv. Jožefmarija, *Pot*, št. 567.

7

OB PRAVEM ČASU

SPOMINJAJOČA SE MOLITEV

Ko jo je videla vstopiti v svojo hišo, je Eliza-
beta spoznala, da Marija ni več otrok. Verjetno
se ji je vtisnila v spomin že v otroških letih, ko
je prišla na svet in odraščala na način, ki je bil
nekaj posebnega prav tako kakor njena oseb-
nost. Potem sta živeli daleč druga od druge. Ko
jo je sedaj zagledala na pragu svojega doma, jo
je prevzela radost. Evangelist nam pove, da jo je
pozdravila »na ves glas«, rekoč: »Od kod meni
to, da pride k meni mati mojega Gospoda?« (Lk
1,43). To je bilo globoko veselje, ki je izviralo
iz življenja, prepojenega z molitvijo. Tako ona
kot Zaharija sta po besedah Svetega pisma veljala
za sveta – pravična – in ljudje so ju občudovali
(prim. Lk 1,6). Vendar sta le onadva vedela, kaj
vse se je skrivalo v ozadju dolgih let življenja v
božji bližini: šlo je za izkustva, ki so v veliki meri

neopisljiva, kot se dogaja tudi vsem nam. Eliza-
betino veselje je izhajalo iz preteklosti, polne bo-
lečine in upanja, razočaranj in novih srečanj, v
kateri je njen odnos z Bogom postajal vse globlji.
Le ona je vedela, kako mučno je bilo dejstvo, da
ni mogla biti mati, ko je bil ta blagoslov največja
želja vsake izraelske ženske. Toda Gospod je ho-
tel, da gre skozi to preizkušnjo, da bi jo povzdig-
nil v večjo povezanost z njim.

Uslišana prošnja

Podobno kot v Elizabetinem primeru je tudi
v našem odnosu z Bogom, v naši molitvi, vedno
nekaj edinstvenega, neopisljivega; nekaj, kar je
lastno samotni ptici (prim. Ps 102,8), ki jo lahko
Bog, kot je dejal sv. Jožefmarija, kakor orla dvig-
ne tako visoko, da naravnost uzre sonce. Samo on
ve, kdaj je primeren čas, kateri so pravi trenutki za
vsakega od nas. Bog si te *pobožanstvujoče bližine* z
nami želi veliko bolj, kot si moremo predstavljati.
Toda dejstvo, da samo on pozna čase – tako kot
je vedel, kdaj je pravi čas za rojstvo Janeza Krst-
nika –, nam ne preprečuje, da bi vsak od nas v
vsakem trenutku hrepenel po večji bližini z Gos-
podom. Prav tako nam ne preprečuje, da bi za to
bližino nenehno prosili, iskali tisto najvišje, tako

da sredi množice stopimo na prste, da bi videli Jezusa, ki prihaja mimo, ali po potrebi splezali na drevo, kot je storil Zahej. Lahko si predstavljamo, da je Elizabeta svoje srce velikokrat obrnila k Bogu in k temu spodbujala tudi svojega moža, dokler ni ta naposled zaslišal besed: »Uslišana je tvoja molitev! Tvoja žena Elizabeta ti bo rodila sina. Daj mu ime Janez« (Lk 1,14).

Kar je za Elizabeto naposled postalo zaupanja polna molitev h Gospodu, je moralo najprej skozi prečiščujočo peč časa in stisk. Njeno življenje se je že nagibalo k zatonu, Bog pa se je glede ključnega vprašanja še vedno skrival: zakaj se je zdelo, da toliko let ni slišal njenih molitev? Zakaj ji ni dal sina? Mar ni bilo dovolj niti duhovništvo njenega moža? V tisti potrebi, v molitveni nemoči in navideznem božjem molku se je prečistila njena vera, upanje in ljubezen; kajti ni samo vztrajala, temveč se je tudi vsak dan pustila preoblikovati ter je vedno in v vsem sprejemala Gospodovo voljo. Morda je prav poistovetenje s križem, ki ga je Elizabeta na neki način vnaprej doživljala, najboljši način za dokazovanje pristnosti naše molitve: »Ne moja volja, ampak tvoja naj se zgodi« (Lk 22,42). Če so pravični ljudje stare zaveze živeli v tem sprejemanju in je

Jezus to držo do Očeta naredil za vodilo vsega svojega življenja, potem smo tudi mi, kristjani, poklicani, da se na ta način združimo z Bogom. Vedno je dober čas, da molimo tako: »Moja hrana je, da uresničim voljo tistega, ki me je poslal, in dokončam njegovo delo« (Jn 4,34).

Čas spominjanja

Nemara je Elizabeta sama ohranjala pri življenju plamen Zaharijeve molitve, da ne bi ugasnil, dokler se ni njenemu možu končno prikazal angel: njej, ki so jo imenovali neplodno, bo Gospod dal sina, »Bogu namreč ni nič nemogoče« (Lk 1,36). Potem ko se je pustila voditi *per aspera ad astra* – skozi nepogrešljivo pot očiščevanja, ki ga on vrši v tistih, ki mu to dopustijo –, je naposled v molitvi vzkliknila z besedami, ki jih po preteku mnogih stoletij mi še naprej vsak dan ponavljamo: »Blagoslovljena ti med ženami, in blagoslovljen sad tvojega telesa!« (Lk 1,42).

Zavedanje, da naša pot k Bogu vključuje globoko poistovetenje s križem, je bistvenega pomena pri doumevanju, da je tisto, kar se včasih zdi kot zastoj, v resnici napredovanje. Tako bomo, namesto da bi živeli čakajoč na boljše čase ali na molitev, ki bi bila bolj po našem okusu, hvaležno sprejemali hrano, ki nam jo želi dati Bog: »Če se ozremo okoli sebe, ugotovimo, da je na voljo velika *ponudba hrane*, ki ne prihaja od Gospoda in ki na videz človeka bolj nasiti. Nekateri se *hranijo* z denarjem, drugi z uspehom in nečimrnostjo, tretji s svojo močjo in ponosom. Toda živilo, ki nas zares hrani in nasiti, je le tisto, ki nam ga daje Gospod. Hrana, ki nam jo ponuja Gospod, je drugačna od druge hrane in se nam morda ne zdi tako okusna kot nekatere jedi, ki nam jih ponuja svet. Tedaj sanjamo o drugih živilih, kakor Judje v puščavi, ko so hrepeneli po mesu in čebuli, ki so jo jedli v Egiptu, vendar so pri tem pozabili, da so tisto hrano jedli pri suženjski mizi. V tistih trenutkih skušnjave so sicer imeli spomin, vendar slab spomin, selektiven spomin; suženjski, ne pa svoboden spomin.«[1] Zato se velja vprašati: Iz katere sklede želim jesti? Kateri je moj spomin? Je to spomin na Gospoda, ki me odrešuje, ali spomin na meso, česen in čebulo iz časov suženjstva? S katerim spominom hranim svojo dušo? Si želim jesti čvrsto hrano ali pa se še naprej hraniti z mlekom? (prim. 1 Kor 3,2).

V življenju se utegne pojaviti skušnjava, da bi se ozrli nazaj in zahrepeneli po egiptovskem

---

[1] Frančišek, Homilija na praznik sv. Rešnjega telesa in krvi, 19. 6. 2014.

česnu in čebuli, kot se je zgodilo Izraelcem. Mana, tista hrana, ki so jo sprva dojemali kot blagoslov in znamenje zaščite (prim. 4 Mz 21,5), se jim je začela upirati. To se lahko zgodi tudi nam, zlasti če bi se zaradi zanemarjanja temeljnih pravil molitve ohladili: če bi se prenehali truditi za zbranost in ljubeznivost, skrbeti za drobne detajle pobožnosti, namenjati molitvi najboljši čas … Takrat je še toliko bolj pomembno, da se spominjamo, da se opremo na spomin, da v molitvi in duhovnem branju iščemo tisto čvrsto hrano, o kateri govori sveti Pavel, hrano, ki odstira življenjska obzorja.

Kakor privlačna moč magneta

Obujanje spomina v molitvi je veliko več kot zgolj preprosto spominjanje; povezano je s pojmom *memoriale*, značilnim za vero Izraela; to pomeni, da gre za odrešenjski dogodek, ki delo odrešenja prenaša v sedanjost. *Molitev spominjanja* je nov pogovor o že znanem, spomin na preteklost, ki jo vnovič dojemamo v sedanjosti. Osrednje dogodke svojega odnosa z Bogom razumemo in doživljamo vsakič drugače. Morda se je prav to zgodilo Elizabeti, ko je v svojem dolgo pričakovanem materinstvu na nov način razumela, katero poslanstvo ji je Bog namenil.

Z leti nam Gospod v ritmu naše predanosti in tudi našega upiranja polagoma razodeva globine svoje skrivnosti. Želi nas popeljati zelo visoko, kakor po spirali, ki se stalno giblje v krogu ter se počasi vzpenja. Res je, da lahko ostanemo na isti višini in delamo venomer iste kroge na ravnini, da se lahko tudi strmo spustimo ali celo po dotikalnici skrenemo s kroga ter svoj odnos s Stvarnikom opustimo …, vendar on ne odneha v prizadevanju, da svoje delo uresniči: njegov načrt je načrt izvolitve in opravičenja, posvečenja in poveličanja (prim. Rim 8,28-30).

Kakor številni drugi pisci tudi sveti Jožefmarija oriše ta proces na zelo stvaren in lep način. Duša se usmerja »k Bogu kakor železo, ki ga privlači moč magneta. Tako v sladkem nemiru začnemo ljubiti Jezusa na bolj učinkovit način.«[2] Ko premišljujemo o skrivnostih božjega otroštva, poistovetenja s Kristusom, ljubezni do Očetove volje, hrepenenja po soodreševanju … in zaslutimo, da je vse to dar Svetega Duha, tedaj lahko bolje ocenimo, kolikšen je naš dolg do njega. In takrat znotraj nas silovito naraste hvaležnost. V

---

[2] Sv. Jožefmarija, *Božji prijatelji*, št. 296.

naši notranjosti se prebudijo njegovi vzgibi, veliko pogostejši, kot si mislimo: »To so, prav lahko so to običajni pojavi v naši duši: norost od ljubezni, ki nas brez zbujanja pozornosti, brez nenavadnosti uči trpeti in živeti.«[3]

In tako se nam na naše presenečenje razkriva neizmernost ljubezni, ki smo jo od Boga prejemali skozi vse življenje: dan za dnem, leto za letom … že v materinem naročju! »Ljubezen je v tem – ne v tem, da bi bili mi vzljubili Boga. On nas je vzljubil in poslal svojega Sina v spravno daritev za naše grehe« (1 Jn 4,10). Prevzeti odkrijemo, da smo potopljeni v navdušujočo, skrbno in razorožujočo ljubezen. To je doživela Elizabeta: »Ozrl [se je] name, da mi odvzame mojo sramoto pri ljudeh« (Lk 1,25). Po dolgih letih temote se zave, da jo neskončno ljubi On, ki je vir vsake ljubezni, in to na način, ki ga niti ni vredna, niti ga ne zmore ustrezno ceniti, niti se ne zna nanj prav odzvati: »Od kod meni to, da pride k meni mati mojega Gospoda?« (Lk 1,43). Kako je mogoče, da me Bog tako zelo ljubi? Pa tudi s kančkom zmedenosti in bolečine: Kako to, da se tega nisem zavedala že prej? Kje so bile moje misli?

---

[3] Sv. Jožefmarija, *Božji prijatelji*, št. 307.

Vsaka dobra molitev oblikuje srce v taki smeri, da bo vedelo, kako je treba prositi (prim. Rim 8,26), da bi mogli prejeti to, kar prosimo. Če v vsako pobožnost, veliko ali majhno, vložimo kanček ljubezni do Boga, bo pot lažja. Če Jezusa ljubeznivo kličemo po imenu in mu brez zadržkov izkazujemo svojo naklonjenost, se trenutek globoke združitve približa. Treba je vztrajati in se nemudoma odzvati na drobne dotike ljubezni. Velja »obujati spomin na lepe, velike reči, ki jih je Gospod storil v življenju vsakega izmed nas«, kajti *molitev spominjanja* »zelo dobro dene krščanskemu srcu«.[4] Zato je sveti Jožefmarija v svojih homilijah svetoval: »Naj vsak izmed nas premišljuje o tem, kaj je Bog zanj storil.«[5]

Bog je vse in to zadostuje

Gotovo se je Elizabeta velikokrat vračala k temu, kar je Gospod storil zanjo. Kako se je njeno življenje spremenilo! In kako pogumna je morala postati! Od tistega trenutka je vse njeno ravnanje na prav poseben način obogateno. Iz sramežljivosti, kot so ravnali tudi preroki, se več mesecev skriva, da bi s to gesto pokazala na božje

---

[4] Frančišek, Homilija pri Sveti Marti, 21. 4. 2016.

[5] Sv. Jožefmarija, *Božji prijatelji*, št. 312.

delovanje (prim. Lk 1,24); dana ji je tudi večja jasnost, ko se je treba držati njegovih načrtov: »Nikakor, temveč Janez mu bo ime« (Lk 1,60). Božje delovanje zna videti tudi v svoji sestrični: »Blagor ji, ki je verovala, da se bo izpolnilo, kar ji je povedal Gospod!« (Lk 1,45). Elizabeta se obnaša kot nekdo, ki je z vsem srcem v stiku z Bogom.

Prav tako mora naša molitev vključevati ljubezen in boj, hvaljenje in kesanje, češčenje in prošnjo, čustva in razum. Treba je biti drzen in si dati duška z vsemi črkami abecede, z vsemi toni glasbene lestvice, s celotno barvno paleto, saj zdaj že razumemo, da ne gre za izpolnjevanje nekakšnih nalog, ampak za to, da ljubimo z vsem srcem. Dejanja pobožnosti, osebe okoli nas, vsakodnevna opravila … so ista kot prej, vendar jih ne doživljamo več na enak način. Tako se razširi svoboda duha, »ta običajna zmožnost in drža, da delamo iz ljubezni, še zlasti pri prizadevanju, da bi sledili temu, kar Bog v vsakem trenutku pričakuje od vsakega posameznika«.[6] To, kar se je poprej zdelo težka obveznost, se spremeni v priložnost za srečanje z Ljubeznijo. Samopremagovanje še vedno zahteva trud, vendar se zdaj trudimo z veseljem.

---

[6] Fernando Ocáriz, Pastirsko pismo, 9. 1. 2018, št. 5.

Ob pogledu na neizmernost razodete ljubezni in na skromnost človekovega odziva se srce raztopi v globoki molitvi zadoščevanja in pokore; vznikne obžalovanje, ki izvira iz naših lastnih grehov ter vodi v osebno kesanje. Okrepi se prepričanje: »Bog je vse, jaz pa nič. In to je za danes dovolj.«[7] Tako lahko odvržemo s sebe marsikateri ščit, ki nam otežuje stik z njim. Poraja se tudi iskrena, globoka in izrecna hvaležnost Gospodu, ki se spremeni v češčenje, saj ga priznavamo »kot Boga, kot Stvarnika in Odrešenika, Gospoda in Učitelja vsega, kar obstaja, kot neskončno in usmiljeno ljubezen«.[8] Zato se splača zaigrati na vse strune našega srca, da bi bila molitev raznolika, bogata, da ne bi tekla po izrabljenih strugah; in sicer ne oziraje se na to, ali jo spremljajo čustva ali ne, kajti tisto, kar od Boga okušamo, še ni Bog: On je neskončno večji.

---

[7] Sv. Janez XXIII., *Il giornale dell'anima*, Edizioni di Storia e Letteratura, Rim 1964, str. 110.

[8] *Katekizem Katoliške cerkve*, št. 2096.

8

NE BOJ SE, SAJ SEM JAZ S TEBOJ

TEŽAVE V PREMIŠLJEVALNI MOLITVI

V času, ko je do Jezusovega rojstva manjkalo še kakih šest stoletij, se je judovsko ljudstvo znašlo pod babilonsko nadvlado. Mnoge so kot ujetnike odpeljali v tujo deželo. Zdelo se je, da so se starodavne obljube razblinile. Skušnjava mišljenja, da je vse skupaj le prevara, je bila zelo navzoča. V takšnem vzdušju se pojavijo preroška besedila o osvoboditvi ljudstva in še posebej izreki velike duhovne globine, v katerih nam Bog vsak trenutek izkazuje svojo bližino. »Nikar se ne boj,« ponavlja znova in znova. »Ko pojdeš čez vodo, bom s teboj, ko čez reke, te ne poplavijo, ko pojdeš skoz ogenj, ne zgoriš in plamen te ne bo ožgal« (Iz 43,1-2). In nadalje pravi: »Ne boj se, saj sem jaz s teboj. […] Pripelji moje sinove iz daljave, moje hčere s konca zemlje« (Iz 43,5-6).

Stalen refren

V novi zavezi, kot je razumljivo, ta poziv k zaupanju v Boga ne izgine, ta tolažba sredi življenjskih skrbi ne preneha. Gospod kdaj pa kdaj uporabi svoje angele, denimo ko nagovori Zaharijo, moža svete Elizabete, tistega dne, ko je šel v tempelj darovat kadilo. Oba sta bila že v letih in do takrat nista mogla imeti otrok. »Ne boj se, Zaharija, kajti uslišana je tvoja molitev« (Lk 1,13), mu reče angel. Podobno sporočilo so božji glasniki prinesli tako svetemu Jožefu, ko ni vedel, ali naj sprejme Marijo v svoj dom (prim. Mt 1,20), kot tudi prestrašenim pastirjem, ko so izvedeli, da jim Bog naroča, naj se oni kot prvi poklonijo novorojenemu Jezusu (prim. Lk 2,10). Ta in še mnogi drugi primeri so znamenja, da nas Gospod vedno želi spremljati pri pomembnih odločitvah našega življenja.

Vendar tega sporočila »ne boj se« ne prinašajo le preroki in angeli. Ko je Bog sam postal človek, je bil on tisti, ki je osebno ponavljal ta refren sredi najrazličnejših življenjskih situacij ljudi, ki jih je srečeval. Z istimi besedami Jezus na primer spodbuja svoje poslušalce, naj se ne prepustijo negotovosti zaradi hrane ali obleke, ampak naj skrbijo predvsem za svoje duše (prim. Mt 10,31);

Kristus želi prinesti mir tudi predstojniku shodnice, ki je izgubil svojo hčer, ni pa izgubil vere (prim. Mr 5,36); mir prinaša apostolom, ko ga po nevihtni noči zagledajo, kako se jim bliža in hodi po vodi (prim. Jn 6,19); pomiri pa tudi Petra, Janeza in Jakoba, potem ko so videli njegovo slavo na gori Tabor (prim. Mt 17,7). Bog vedno skuša priti naproti človeku, da bi premagal ta strah, ki je nekaj naravnega ob običajnih ali izrednih pojavih njegovega delovanja.

Tudi sveti Jožefmarija je zaznal ta božji odgovor, ko se je spominjal prav posebnega dogodka iz svojega notranjega življenja. Nekega poletnega dne leta 1931 je med obhajanjem svete maše z izredno jasnostjo razumel, da so običajni moški in ženske tisti, ki bodo povzdigovali Kristusov križ v vseh človeških dejavnostih. »Ponavadi me je ob stiku z nadnaravnim strah. Potem pride tisti *'ne timeas!'*, jaz sem.«[1] Ta strah se ne pojavlja le ob takšnih izjemnih posegih božje milosti. Na različne načine je prisoten tudi v običajnem krščanskem življenju; na primer takrat, ko nam Bog da spoznati veličino svoje ljubezni in usmiljenja, ko nekoliko bolje razumemo globino njegove daritve na križu in v evharistiji ali ko

---

[1] Bl. Álvaro del Portillo, *Una vida para Dios. Reflexiones en torno a la figura de Josemaría Escrivá de Balaguer*, Rialp, Madrid 1992, str. 163–164.

začutimo povabilo, naj mu sledimo bolj od blizu … in nas vznemirja, ko pomislimo na morebitne posledice teh milosti za naše življenje.

Močnejša od kateregakoli dvoma

Dokler smo na zemlji, je molitev boj.[2] Zdi se naravnost dramatično, da je greh najplemenitejše želje človeškega srca – kot je življenje v stiku z njegovim lastnim Stvarnikom – v določeni meri iznakazil in odvrnil od prave poti. Naše hrepenenje po prijateljstvu, ljubezni, lepoti, resnici, sreči in miru je v našem sedanjem položaju povezano s trudom za premagovanje napak, z napornim bojem zoper upor znotraj nas samih. To splošno stanje človeškega življenja je seveda prisotno tudi v našem odnosu z Gospodom.

Pri prvih korakih v pobožnostnem življenju se marsikdo prestraši spričo misli, da ne zna moliti, ali se zmede ob napakah, nestalnosti in neredu, ki lahko spremlja začetek kateregakoli opravila. Človek tedaj zasluti, da približati se Gospodu pomeni *srečati se s križem*, zato ni presenetljivo, da se pojavi trpljenje, samota in protislovja.[3] Z leti lahko nastopi tudi strah, da bo Gospod dopuščal

---

[2] Prim. *Katekizem Katoliške cerkve*, št. 2573.
[3] Sv. Jožefmarija, *Božji prijatelji*, št. 301.

preizkušnje in negotovosti, ki bodo zahtevale več, kot mu zmoremo izročiti. Ali pa se živčno zavedamo možnosti, da nas utegne premagati rutina in se bomo morali naposled zadovoljiti z nekakšnim povprečnim odnosom do Boga.

Te besede, »ne boj se«, ki so jih slišali Zaharija, Jožef, pastirji, Peter, Janez, Jakob in mnogi drugi, so namenjene vsakemu od nas v celotnem teku našega življenja. Spominjajo nas, da v življenju milosti ni odločilno to, kar storimo mi, ampak to, kar naredi Gospod. »Molitev je skupna naloga Jezusa Kristusa in vsakega od nas,«[4] v kateri glavni junak ni ustvarjeno bitje, ki se trudi biti pozorno na božje delovanje, marveč Gospod in njegovo delovanje v duši. To zlahka razumemo, kadar nam Bog odpre nova obzorja, ko v nas prebudi občutke hvaležnosti ali nas povabi na pot svetosti … Toda to isto zaupanje mora biti prisotno tudi, ko se pojavijo težave, ko začutimo svojo majhnost in se nam dozdeva, da se okoli nas zgrinja tema.

»Jaz sem, ne bojte se.« Tako kot je Jezus razumel težave, zmedenost, strahove in dvome tistih, ki so takrat želeli hoditi za njim, jih razume tudi sedaj v primeru vsakogar izmed nas. Naše

---

[4] Eugene Boylan, *Dificultades en la oración mental*, Rialp, Madrid 1974, str. 147.

prizadevanje, da bi živeli ob njem, je vedno šibkejše od njegove želje, da bi nas imel blizu. On je tisti, ki se zavzema za to, da bi bili srečni, in dovolj je močan, da svoj načrt uresniči navkljub naši krhkosti.

Drže, ki nam pomagajo moliti

Na nas pa je, da storimo vse, kar je v naši moči, da bi mogli stopiti na pristno pot molitve. Čeprav se pogovarjanje z drugimi zdi nekaj spontanega ali čisto naravnega, smo se v resnici naučili govoriti – in odkrivati osnovne drže dialoga – s pomočjo drugih. Enako velja v našem odnosu z Bogom, kajti »molitev mora v duši pognati korak za korakom, kakor drobno seme, ki bo kasneje postalo mogočno drevo«.[5] Prav zato je razumljivo, da so učenci Jezusa prosili, naj jih nauči moliti (prim. Lk 12,1).

Med te temeljne drže za vstop v molitveno življenje spadajo vera in zaupanje, ponižnost in iskrenost. Kadar molimo z napačnim razpoloženjem – na primer, kadar nismo pripravljeni preveriti, kaj nas od Boga oddaljuje, ali kadar se nočemo odreči svoji samozadostnosti –, tvegamo, da naša molitev postane neplodna. Res je sicer,

---

[5] Sv. Jožefmarija, *Božji prijatelji*, št. 295.

da so takšne napačne drže pogosto nezavedne. Prav tako – če si pri molitvi prizadevamo za napačen ideal učinkovitosti, ki je tako razširjen v sedanji miselnosti – se zlahka ujamemo v past, da svoj odnos z Gospodom merimo zgolj po zaznavnih učinkih, nato pa dolgoročno stežka najdemo oziroma si vzamemo čas za molitev.

Med temi notranjimi dispozicijami za molitev so bistvenega pomena zlasti tiste, ki se nanašajo na zaupanje v Gospoda. Precej je ljudi, ki jih nekatere *vrzeli* v njihovi krščanski izobrazbi kljub njihovim dobrim namenom privedejo do tega, da živijo z napačno predstavo o Bogu in o sebi. Včasih si Boga naslikajo kakor neizprosnega sodnika, ki od nas terja popolno vedênje; drugič mislijo, da bi morali tisto, kar prosimo, prejeti natanko tako, kot si želimo; ali da so grehi nepremostljiva ovira za iskren odnos z Gospodom. Čeprav se morda zdi samoumevno, moramo svoje molitveno življenje graditi na trdnih temeljih nekaterih osnovnih verskih resnic. Na primer: da je Bog ljubeči Oče, ki se veseli naše družbe; da je molitev vedno učinkovita, ker on posluša naše prošnje, tudi če njegove poti niso naše poti; ali da so naši prestopki ravno priložnost, da se ponovno približamo našemu Odrešeniku.

Podarimo Bogu svoje težave

»Da ne znaš moliti? – Postavi se v božjo pričujočnost in kakor hitro začneš praviti: 'Gospod, saj mi molitev ne gre! …' bodi gotov, da si začel moliti.«[6] Kakor apostole tudi nas Gospod po malem uči rasti v tej zaupni drži, če se ne skrijemo v notranji monolog ali anonimno molitev, ki sta nekaj tujega našim resničnim željam in skrbem.[7]

Tako kot v njihovem primeru tudi naš odnos z Gospodom napreduje sredi naših lastnih slabosti. Pomanjkanje časa, zunanje motnje, utrujenost in rutina so pri molitvi nekaj običajnega tako kot v medčloveških odnosih. Včasih je treba poskrbeti za red, premagati lenobo, dati pomembnim stvarem prednost pred nujnimi. Drugič bo potreben stvaren pogled, da bi rahločutno odmerili čas, namenjen Gospodu, tako kot družinska mati, ki v nobenem trenutku ne more pustiti ob strani svojih majhnih otrok. Vemo, da je na trenutke pri molitvi potrebna »pozornost, ki jo je težko disciplinirati«.[8] Raztreseni smo zaradi skrbi, nedokončanih opravil, dražljajev na zaslonih. Slaba stran vsega tega pa je, da lahko zmede naš lastni notranji svet: pojavijo se rane samoljubja,

---

[6] Sv. Jožefmarija, *Pot*, št. 90.
[7] Prim. sv. Jožefmarija, *Brazda*, št. 65.
[8] *Katekizem Katoliške cerkve*, št. 2705.

primerjanje z drugimi, sanjarjenja in fantazije, zamere ter najrazličnejši spomini. Čeprav vemo, da smo v božji navzočnosti, se lahko zgodi, da se nam »po glavi [...] pletejo reči v najbolj neprimernih trenutkih ...«[9]

Vsekakor na nas vpliva tudi telesna utrujenost: »Delo te tako izčrpava, da ne moreš moliti.«[10] Lahko nam je v tolažbo, če se spomnimo, da so od izmučenosti pospali tudi apostoli v trenutku slave na gori Tabor (Lk 9,32) in v tesnobi na vrtu Getsemani (Lk 22,45). Poleg telesne utrujenosti pa je v našem načinu življenja pogosto prisotna še nekakšna notranja utrujenost, ki je posledica zaskrbljenosti zaradi opravil, pritiskov na delovnem mestu in v družbi ali negotove prihodnosti ... in takšno notranje razpoloženje lahko povzroči, da je še težje ohranjati vedrost pri meditaciji.

Gospod zelo dobro, pravzaprav veliko bolje kot mi, razume te težave. Zatorej – tudi če zaradi njih trpimo, ker bi si želeli bolj čutečega odnosa z njim – marsikdaj »ni pomembno, če se [...] ne moreš zbrati in osredotočiti«.[11] Z Jezusom se lahko poskušamo pogovarjati prav o tistih zadevah, novicah, osebah ali spominih, ki zaposlujejo

[9] Sv. Jožefmarija, *Brazda*, št. 670.
[10] Sv. Jožefmarija, *Pot*, št. 895.
[11] Sv. Jožefmarija, *Brazda*, št. 449.

našo domišljijo. Boga zanima vse, kar je našega, ne glede na to, kako banalno ali nepomembno se zdi. In pogosto nam bo pomagal, da bomo te zadeve, osebe ali reakcije ovrednotili na drugačen način, z nadnaravnim čutom, z zornega kota ljubezni. Kakor otrok v materinem naročju lahko tudi mi počivamo v njem, mu izročimo svojo zbeganost, se zatečemo v njegovo srce, da bi v njem našli mir.

Prizadevanje, večje od našega

Najhujše težave so verjetno »zvijače skušnjavca, ki stori vse, da bi človeka odvrnil od molitve, od zedinjenja z njegovim Bogom«.[12] Hudič je našega Gospoda skušal, potem ko se je za štirideset dni umaknil v puščavo ter občutil lakoto in slabost (Mt 4,3). Hudi duh navadno izkorišča našo raztresenost in grehe, da bi v dušo vnesel nezaupanje, obup in odvračanje od ljubezni. Nasprotno pa, kot je vseskozi opazno v evangeliju, je naša šibkost pravzaprav razlog za to, da se še bolj približamo Gospodu. In kolikor bolj »napredujemo v notranjem življenju, jasneje zaznavamo osebne napake«.[13]

---

[12] *Katekizem Katoliške cerkve*, št. 2725.
[13] Sv. Jožefmarija, *Božji prijatelji*, št. 20.

Pod pretvezo ponižnosti nam lahko hudič vsiljuje prepričanje, da nismo vredni božje bližine, da so naše želje po izročitvi navidezne in da morda skrivajo določeno mero hinavščine ter pomanjkanja odločnosti. »Misliš, da je tvojih grehov veliko, da te Gospod ne bo mogel slišati?«[14] Zavedanje o naši nevrednosti, ki je samo po sebi tako dragoceno, more tedaj izzvati stvarno, a zmotno trpljenje, ki ima le malo skupnega z resničnim kesanjem in nas lahko zapre v pritožujočo se držo, kar na neki način celo onemogoči molitev. Naši grehi in mlačnost so sicer res ovira za molitev, vendar ne v tem smislu. Gospod nas ne preneha ljubiti, ne oziraje se na velikost naših slabosti. Te ga niti ne prestrašijo niti ne presenečajo, zato se ne odreče svoji želji, da bi mi dosegli svetost. Tudi če bi prišli do tega, da se zavestno sprijaznimo z rutino, konformizmom ali mlačnostjo, Bog nikakor ne bo nehal čakati na našo vrnitev.

Toda sovražnik lahko človeka skuša »celo takrat, ko se duša vname in žari v ljubezni do Boga. Ve, da je takrat težje doseči padec, toda če mu uspe, da človek užali svojega Gospoda, čeprav le z majhnim dejanjem, bo lahko nad njegovo vest zagnal hudo skušnjavo obupa.«[15] Tedaj lahko

---

[14] Prav tam, št. 253.
[15] Prav tam, št. 303.

nastopita grenkoba in razočaranje. Da bi ohra-
nili upanje živo v vsakem trenutku, je treba biti
stvaren, priznati svojo majhnost, se zavedati, da
je tisti domnevni ideal svetosti, ki smo ga morda
imeli v mislih – nedosegljiva popolnost –, na-
pačen. Doumeti moramo, da je pomembno le
ugajati Bogu, predvsem pa, da je zares odločilno
to, kar stori Gospod s svojo mogočno ljubeznijo,
pri čemer računa na naš boj in našo šibkost.

Krščansko upanje ni zgolj človeško upanje, ki
bi temeljilo na naših lastnih močeh ali na naši
naravni intuiciji o Stvarnikovi dobroti. Upanje je
dar, ki nas presega, ki ga Sveti Duh nenehno vli-
va in obnavlja v nas. V tistih trenutkih malodušja
je na mestu »vzklik: spomni se danih obljub, da
se navdam z upanjem; to mi je v tolažbo v moji
ničevosti in mojemu življenju daje moč (prim.
Ps 119,49-50)«.[16] Bog je tisti, ki nas je poklical.
Bog je tisti, ki si bolj kot mi prizadeva, da bi nas
združil s seboj, in ima moč, da to doseže.

Ko tema postane luč

V teku življenja, tako kot v kateremkoli traj-
nem odnosu, nas Gospod polagoma navaja,
da ga razumemo vedno bolje in da sami sebe

---

[16] Prav tam, št. 305.

dojemamo drugače. Petrov odnos z Jezusom na začetku, pri njunem prvem srečanju ob reki Jordan, se razlikuje od onega po njegovi smrti in vstajenju na obali Genezareškega jezera. Tako je tudi z nami. Ne bodimo presenečeni, ko nas Gospod vodi po božjih poteh, ki niso takšne, kot smo si jih zamislili. Včasih se skrije, četudi ga iščemo z iskreno pobožnostjo, tako kot se je zgodilo ženam, ki so šle h grobu, a ga niso našle (Lk 24,3). Spet drugič pa, nasprotno, postane navzoč, ko smo zaprti vase, kakor je prišel med apostole pri zaprtih vratih (Lk 24,36). Če ohranimo zaupanje, bomo sčasoma odkrili, da je bila tista tema svetla, da nas je takrat Kristus sam obzirno objemal. »Ne boj se,« nam je ponavljal v tistih trenutkih, ko se je naše srce kovalo po meri njegovega Srca.

9

Jezus je zelo blizu

*OD MOLITVE K ŽIVLJENJU IN
OD ŽIVLJENJA K MOLITVI*

»Vsak dan jasneje vidim, *kako blizu mi je Jezus v vsakem trenutku*; pripovedovala bi mu o drobnih, a stalnih detajlih, ki me niti ne presenečajo več, vendar se zanje nenehno zahvaljujem in jih pričakujem.«[1] Pismo blažene Guadalupe, iz katerega je gornji odlomek, je moralo biti zaradi svoje preprostosti v veliko veselje naslovniku, svetemu Jožefmariju. Čeprav je Guadalupe v Opus Dei štela komaj dve leti, te vrstice že zgovorno pričajo, kako je življenje pobožnosti, v katero se je podala, stremelo ravno k ohranjanju stalne božje navzočnosti, po kateri lahko »svoje običajno življenje spreminjamo v nenehno molitev«.[2]

---

[1] Bl. Guadalupe Ortiz de Landázuri, Pismo svetemu Jožefmariju, 1. 4. 1946.
[2] Sv. Jožefmarija, Pismo 24. 3. 1930.

Nauk je evangeljski. Jezus je svojim učencem na različne načine govoril, »kako morajo vedno moliti in se ne naveličati« (Lk 18,1). Večkrat ga vidimo, kako se čez dan obrača k Očetu, na primer ob Lazarjevem grobu (prim. Jn 11,41-42) ali ko se apostoli polni veselja vrnejo s svojega prvega evangelizacijskega popotovanja (prim. Mt 11,25-26). Po vstajenju se Gospod učencem približa v najrazličnejših situacijah: ko nekdo žalosten odide in se odpravi proti Emavsu, ko so v strahu zbrani za zaprtimi vrati, ko se vračajo na delo ob Galilejskem jezeru … Celo tik pred vrnitvijo k Očetu jim Jezus zagotavlja: »Jaz sem z vami vse dni do konca sveta« (Mt 28,20).

Prvi kristjani so se te bližine zelo zavedali. Naučili so se vse delati v božjo slavo, kot je sveti Pavel zapisal Rimljanom: »Če namreč živimo, živimo za Gospoda; in če umiramo, umiramo za Gospoda. Naj torej živimo ali umiramo, smo Gospodovi« (Rim 14,8-10; prim. 1 Kor 10,31). Kaj pa mi? Ali je v tem naglem svetu, kakršen je naš, polnem opravkov, rokov, prometa in hrupa, sploh mogoče nenehno ohranjati naš »pogovor v nebesih«?[3]

---

[3] Sv. Jožefmarija, *Božji prijatelji*, št. 300.

S pravim namenom

Nekateri pogovori se odvijajo v tihoti, na primer pogovor dveh prijateljev, ki skupaj hodita po poti, ali zaljubljencev, ki si zreta v oči. Ne potrebujeta besed, da bi drug z drugim delila, kar jima leži na srcu. Ni pa mogoč pogovor, v katerem ne bi bilo pozornosti do osebe, ki jo imamo pred seboj. Mobilni telefoni so v naša življenja vnesli nenavaden pojav, da se z nekom pogovarjamo in se nam kljub temu zdi, da je morda takrat bolj pozoren na neke *druge pogovore* ...

Dialog z Bogom, h kateremu smo poklicani, vključuje prav takšno pozornost. To je pozornost, ki ni izključujoča, saj lahko Boga odkrijemo v številnih okoliščinah in dejavnostih, ki z njim na videz nimajo kaj dosti opraviti. Nekaj podobnega so počeli tisti kamnoseki, ko so v kamnih, ki so jih klesali, videli povsem različne stvari: enemu so pomenili sužnost fizičnega dela, drugemu preživetje njegove družine, tretji pa je v istih kamnih videl nastajanje veličastne katedrale. Zato je sv. Jožefmarija govoril o potrebi, da »teologalne in kardinalne kreposti udejanjamo v svetu ter tako postanemo kontemplativne duše«.[4] Ne gre le za to, da ravnamo na pravi *način*,

---

[4] Sv. Jožefmarija, Pismo 8. 12. 1949, št. 26.

ampak tudi, da delujemo *s pravim namenom*, ki v tem primeru pomeni iskati Boga, ga ljubiti in mu služiti. Ravno to je mogoče po navzočnosti Svetega Duha v naši duši, ko jo ta poživlja s teologalnimi oziroma božjimi krepostmi. Tako lahko v tisoč in eni izbiri vsakega dne ostajamo pozorni na Boga ter ohranjamo svoj pogovor z njim živ in goreč.

Ko se zjutraj odpravljamo v službo ali ko se prebujamo, da bi pravočasno prišli na predavanje, ko peljemo otroke v šolo in ko se v službi ukvarjamo s kakšno stranko, se lahko vprašamo: *Kaj počnem? Kaj me žene, da to opravim dobro?* Odgovor, ki nam bo nemudoma prišel na ustnice, bo bolj ali manj globok, zagotovo pa je to dobra priložnost, da dodamo: *Hvala ti, Gospod, ker računaš name. Rad bi ti služil s tem opravilom ter na ta svet prinašal tvojo luč in veselje.* Potem se bo naše delo zares rodilo iz ljubezni, izražalo bo ljubezen in bo usmerjeno v ljubezen.[5]

Gledanje z božjimi očmi

»Lahko bi našteli številne probleme, ki danes obstajajo in jih je treba rešiti, vendar je vse te probleme mogoče rešiti le, če bo Bog postavljen

---

[5] Sv. Jožefmarija, *Jezus prihaja mimo*, št. 48.

v središče, če bo Bog ponovno postal viden v svetu, če bo postal odločilen v našem življenju in če bo po nas na odločilen način tudi vstopil v svet.«[6] Biti kontemplativen sredi sveta pomeni, da je v središču našega bivanja Bog, okoli katerega se vrti vse drugo. Z drugimi besedami, naj bo on zaklad, na katerega je vedno osredotočeno naše srce, kajti vse drugo nas zanima le, če nas povezuje z njim (prim. Mt 6,21).

Tako bo naše delo postalo molitev, saj bomo v njem znali videti nalogo, ki nam jo je zaupal Bog, da bi skrbeli za njegovo stvarstvo in ga bogatili ter služili drugim. Naše družinsko življenje bo molitev, ker bomo v sozakoncu in otrocih (ali starših) videli dar, ki nam ga je dal sam Bog, da bi se jim lahko podarili, jih vedno spominjali na njihovo neskončno vrednost in jim pomagali rasti. Konec koncev je na ta način gotovo ravnal Jezus v Nazaretu: Kako je gledal na svoja dnevna opravila v Jožefovi delavnici? Kakšen pomen je zanj imelo to vsakdanje delo? Kaj pa tisoč drobnih nalog ob domačem ognjišču? In vse, kar je počel skupaj s svojimi sosedi?

Če na stvari gledamo z očmi vere in v svojem življenju odkrivamo božjo ljubezen, pa to

---

[6] Benedikt XVI., Homilija, 7. 11. 2006.

ne pomeni, da nas težave ne bodo več prizadele: utrujenost, neuspehi, glavobol, sitnosti, ki nam jih lahko povzročijo drugi ljudje … Ne pomeni, da bo vse to izginilo. Če živimo osredotočeni na Boga, bomo znali vse te reči združiti s Kristusovim križem, kjer najdejo svoj smisel v službi odrešenju. Ponižanje je lahko molitev, če nas združi z Jezusom in tako postane priložnost za očiščenje. Enako lahko rečemo za bolezen ali poklicni neuspeh. V vsem lahko srečamo Boga, ki je Gospodar zgodovine, in v vsem se lahko oklenemo gotovosti, da Bog vedno odpira možnosti za prihodnost, kajti »njim, ki ljubijo Boga, vse pripomore k dobremu« (Rim 8,28). Tudi drobna nevšečnost, denimo prometni zastoj na poti domov, je lahko molitev, če jo spremenimo v priložnost, da svoj čas izročimo v roke Boga … in da pri njem posredujemo za ljudi, ki so poleg nas deležni iste *usode.*

Da bi dosegli kontemplacijo v običajnem življenju, ne pričakujmo izrednih reči. »Pogosto nas obhaja skušnjava, da je svetost prihranjena za tiste, ki imajo možnost, da so daleč od vsakdanjih opravil, da lahko mnogo časa posvetijo molitvi. Ni res. Vsi smo poklicani biti sveti, ko ljubimo in ko vsak dan pričujemo z vsakdanjimi opravili tam, kjer smo.«[7] Vere poln pogled po ljubezni spreminja vse naše življenje v stalen pogovor z Bogom. To je pogled, ki nam daje živeti z globokim realizmom, saj nam razkriva tisto *četrto razsežnost*, ki je *quid divinum*, nekaj božjega, navzočega povsod v stvarnosti.

Peč in povezava

»Ko je človek popolnoma zaposlen s svojim svetom, z materialnimi stvarmi, s tem, kar lahko naredi, z vsem, kar je izvedljivo in vodi k uspehu, [...] takrat njegova sposobnost zaznavanja Boga oslabi, organ za gledanje Boga upade, ni več zmožen zaznavanja in postane neobčutljiv. Ne zaznava več božjih reči, ker je ustrezni organ v njem upadel, ker se ni razvil.«[8] Res pa je tudi obratno: sposobnost, da na stvarnost gledamo z očmi vere, je mogoče razviti. To storimo zlasti, ko za to luč prosimo kakor apostoli: »Pomnôži nam vero!« (Lk 17,5). To počnemo tudi takrat, ko se kdaj čez dan zaustavimo in svoje življenje položimo pred Gospoda. In čeprav naj bi molitev trajala ves dan, mora »življenje molitve [...] temeljiti še na nekaj trenutkih dneva, ki jih posvetimo

---

[7] Frančišek, apost. spod. *Gaudete et Exsultate*, št. 14.
[8] Benedikt XVI., Homilija, 7. 11. 2006. Papež se tukaj opira na neko besedilo sv. Gregorja Velikega.

samo odnosu z Bogom«.[9] Skratka, da bi bila naša pozornost običajno usmerjena v Boga, moramo nekaj časa posvetiti *izključno* njemu.

Sveti Jožefmarija je to potrebo nekoč razložil s primero o ogrevanju hiše: »Če imamo radiator, to pomeni, da je napeljano centralno ogrevanje. Vendar se prostor ogreje le, če je peč prižgana … Ves čas torej potrebujemo radiator in tudi peč mora biti dobro zakurjena. Se strinjate? Dnevno določen čas, namenjen dobro opravljeni molitvi: to je peč. In potem radiator v vsakem trenutku, v vsaki sobi, na vsakem kraju, pri vsakem opravilu: božja navzočnost.«[10] Peč je enako pomembna kot radiatorji. Da bi božja toplina napolnila ves naš dan, moramo nekaj časa nameniti temu, da zanetimo in vzdržujemo ogenj njegove ljubezni v svojem srcu.

Druga prispodoba, ki nam tukaj pride prav, je internetna povezava. Gotovo smo že večkrat videli, kako se ljudje trudijo, da bi našli signal, kadar se odpravijo na pohod ali preživljajo konec tedna v naravi. Takrat poskrbimo, da je prenos podatkov v našem mobilnem telefonu vključen, in upamo, da se bo ta povezal takoj, ko bo prepoznal razpoložljivo omrežje. Vendar dejstvo,

---

[9] Sv. Jožefmarija, *Jezus prihaja mimo*, št. 119.
[10] Sv. Jožefmarija, Zapiski z meditacije, 28. 9. 1973.

da je telefon odprt za sprejemanje signala, še ne pomeni, da ga samodejno sprejema ali da sprejema vsa sporočila. Signal prihaja čez dan, ko se približamo temu ali onemu omrežju, sporočila pa prihajajo, ko jih nekdo pošlje. Mi opravimo svoj del tako, da aktiviramo telefon, nato pa čakamo na sporočila.

Podobno v času premišljevalne molitve *aktiviramo wifi* svoje duše in rečemo Bogu: »Govôri, Gospod, kajti tvoj hlapec posluša« (1 Sam 3,9). Včasih nam bo spregovoril v teh trenutkih, včasih pa bomo njegov glas prepoznali v tisočerih podrobnostih našega dneva. V vsakem primeru je čas molitve dobra priložnost, da v njegove roke položimo vse, kar smo naredili ali bomo naredili, čeprav morda ne povzdignemo oči k Bogu ravno v trenutku, ko to opravljamo. Poleg tega je čas, ki ga posvečamo izključno Bogu, najboljši dokaz, da ga dejansko želimo poslušati.

Za razliko od telefona pa odpreti srce ni nekaj samoumevnega, kar bi bilo storjeno enkrat in bi ostalo za vedno: vsak dan se je treba pripraviti in prisluhniti Bogu, kajti »srečujemo ga v sedanjosti, ne včeraj in ne jutri, temveč danes: 'O da bi danes poslušali njegov glas: Ne zakrknite svojih src' (Ps 95,7-8).«[11] Če ohranjamo to vsakodnevno predanost, nam bo Bog lahko podaril čudovito zmožnost, da bomo dan za dnem živeli v njegovi navzočnosti. Včasih bo to od nas zahtevalo več napora. V vsakem primeru pa bomo iz teh trenutkov premišljevalne molitve črpali obilo moči in upanja, da bomo z veseljem nadaljevali svoj vsakodnevni boj, svoje dnevno prizadevanje za prižiganje ognja, za vzpostavljanje povezave.

V vsem, kar se nam zgodi

Znane so besede svetega Jožefmarija iz homilije na kampusu Univerze v Navari: »Otroci moji, tam kjer so vaši bratje ljudje, kjer so vaša hrepenenja, vaše delo, vaše ljubezni, tam je kraj vašega vsakodnevnega srečevanja s Kristusom. Sredi najbolj snovnih zemeljskih stvari se moramo posvečevati, tako da služimo Bogu in vsem ljudem.«[12] Nato je dodal: »V laboratoriju, v operacijski sobi v bolnišnici, v vojašnici, na univerzi, v tovarni, v delavnici, na polju, ob družinskem ognjišču ter na vsem neizmernem obzorju dela nas Bog čaka vsak dan.«[13] Med tisočerimi dejavnostmi, ki zapolnjujejo naš dan, nas Bog čaka,

---

[11] *Katekizem Katoliške cerkve*, št. 2659.
[12] Sv. Jožefmarija, *Pogovori*, št. 113.
[13] Prav tam, št. 114.

da bi se z nami prijetno pomenkoval in uresniče-val svoj načrt na svetu. Ampak kako to razumeti? Kako to živeti?

Bog nas vsak dan pričakuje, da bi se z nami v miru pogovarjal o tem, kar napolnjuje naše življenje, enako kot oče ali mama poslušata dolgotrajno pripovedovanje svojega malčka. Otrok jima skorajda v realnem času poroča, kaj se mu je zgodilo v šoli. Zdi se, kot bi hotel kar najbolje izkoristiti svojo čudovito sposobnost pomnjenja in opisovanja doživetij, ko o najneznatnejših pripetljajih pripoveduje z vsemi potankostmi. Starši pa ga poslušajo in sprašujejo, kako se je zgodilo to ali ono, kaj je rekel oni drugi otrok …

Podobno tudi Boga zanima vse, kar se nam dogaja, pri čemer se za razliko od zemeljskih staršev on nikoli ne naveliča poslušati naših pripovedi in se ne navadi, da govorimo z njim. Prej smo mi tisti, ki se včasih utrudimo nagovarjanja, iskanja njegove navzočnosti. Če pa to željo ohranjamo živo, nam »vse – ljudje, stvari, naloge – ponuja priložnost in temo za stalen pogovor z Gospodom«.[14] Prav vse lahko postane vsebina pogovora v dialogu z Bogom. Z njim lahko delimo vse, čisto vse.

---

[14] Sv. Jožefmarija, *Pismo 11. 3. 1940*, št. 15.

Po drugi strani pa nas Bog pričakuje pri našem delu, da bi še naprej vršil delo odrešenja v svetu, to je, da bi svet še naprej pritegoval k sebi. Ne gre za to, da bi ob bok svojega vsakodnevnega dela pridodali neke pobožne dejavnosti, ampak za to, da bi vsa okolja našega sveta vodili k Bogu: družino, politiko, kulturo, šport ... vse. V ta namen moramo najprej na vseh teh krajih odkriti njegovo navzočnost. Gre skratka za to, da svoje delo dojemamo kot božji dar, kot konkreten način, s katerim uresničujemo njegovo naročilo, naj skrbimo za svet in ga obdelujemo ter oznanjamo veselo novico, da nas Bog ljubi in nam ponuja svojo ljubezen. Izhajajoč iz tega odkritja si bomo prizadevali, da bodo vsa naša dejanja postala služenje drugim, ljubezen, kakršno nam Jezus kaže in podarja vsak dan pri sveti maši. S takšnim življenjem, ko vsa naša dejanja združujemo s Kristusovo daritvijo, v polnosti uresničujemo poslanstvo, ki nam ga je Gospod zaupal, preden se je vrnil k Očetu (prim. Jn 20,21).

* * *

V nekem intervjuju tik pred beatifikacijo Guadalupe Ortiz de Landázuri so *očeta* vprašali, katera je bila *formula svetosti* te ženske. Povzel jo je v nekaj vrsticah: »Svetost ne pomeni, da prispemo na konec življenja popolni kot angeli, ampak da dosežemo polnost ljubezni. Kot je dejal sveti Jožefmarija, je bil to boj za preoblikovanje dela, običajnega življenja, v srečanje z Jezusom Kristusom in služenje drugim.«[15] Formula svetosti je torej zgoščena v tem, da vse ustreza istemu nagibu, da ima vse isti cilj: živeti s Kristusom sredi sveta in skupaj z njim svet voditi k Očetu. To pa je mogoče, ker je Jezus zelo blizu.

---

[15] Fernando Ocáriz, Pogovor, 13. 5. 2019.

10

Vi ste Kristusovo pismo

PRIJATELJSTVO, KI NAS PREOBLIKUJE

Proti koncu leta 57 sveti Pavel napiše pismo kristjanom, ki živijo v Korintu. Apostol se zaveda, da ga v tisti skupnosti nekateri ne poznajo in da so nekateri verjeli govoricam, ki so očrnile njegovo dobro ime; zato precejšen del pisma posveti opisovanju lastnosti, ki morajo odlikovati prinašalca Jezusovega evangelija. Vemo tudi to, da jih je iz istega razloga sklenil kmalu ponovno obiskati, vendar do tistega trenutka tega še ni mogel storiti. Znotraj tega konteksta najdemo eno njegovih najlepših misli. Pavel se retorično sprašuje, ali bi bilo treba poslati kakšno priporočilno pismo, da bi ga skupnost bolje spoznala, da bi znova pridobil njihovo spoštovanje. In z veliko vero v božje delovanje v vsakem človeku odgovori, da je njegovo resnično priporočilno pismo srce vsakega kristjana v Korintu. Pravi jim, da to pismo sam Sveti Duh piše v njihovih dušah ter se pri tem opira na to, kar jim je predal on sam, sv. Pavel: »Očitno ste Kristusovo pismo« (2 Kor 3,3).

Kako postanemo to *Kristusovo pismo*? Na kateri način nas Bog polagoma preoblikuje? »Vsi mi, ki z odgrnjenim obrazom motrimo Gospodovo veličastvo [...], se spreminjamo v isto podobo, iz veličastva v veličastvo, prav kakor od Gospoda, Duha« (2 Kor 3,18). Te Pavlove besede razodevajo *metodo* delovanja Svetega Duha v nas. Gre za to, da postopno postajamo *veličastno podobni* Kristusu, za kar je potreben čas. Takšen je potek, značilen za duhovno življenje.

Hoteti isto kot Jezus

Razumljivo je, da je Jezus želel posebej poskrbeti, da molitev kot najodličnejši način za ohranjanje našega stika z Bogom ne bi postala zgolj osamljen element med drugimi dnevnimi opravili, ki ne bi kaj dosti vplival na preoblikovanje življenja. Zato je Kristus, da bi poudaril potrebo po povezanosti med molitvijo in preoblikovanjem življenja, dejal v govoru na gori: »Ne pojde v nebeško kraljestvo vsak, kdor mi pravi: 'Gospod, Gospod,' ampak kdor uresničuje voljo mojega Očeta, ki je v nebesih. Veliko mi jih bo reklo tisti dan: 'Gospod, Gospod, ali nismo v tvojem imenu prerokovali in v tvojem imenu izganjali demonov in v tvojem imenu storili veliko mogočnih del?' In takrat jim bom naznanil: 'Nikoli vas nisem poznal [...]'« (Mt 7,21-23). To so močne besede. Ni dovolj hoditi za Jezusom niti ne zadostuje to, da smo v njegovem imenu delali velike reči. Gre za nekaj mnogo globljega: za to, da se znamo združiti z božjo voljo.

Ni nam težko razumeti teh Gospodovih besed. Če je molitev pot in izraz prijateljskega odnosa, potem morajo zanjo veljati značilnosti takšne ljubezni. Prijateljem je lastno, da si prizadevajo, kot nas poučijo klasiki, *idem velle, idem nolle*, hoteti iste reči in zavračati iste reči. Molitev spreminja naše življenje, ker nam pomaga, da se uglasimo po željah Kristusovega srca, da zahrepenimo z njegovo gorečnostjo za duše, da si navdušeno prizadevamo ugajati našemu nebeškemu Očetu. Če bi ne bilo tako, če nas molitev ne bi vodila k *veličastni podobnosti*, o kateri govori sv. Pavel, potem bi se naša molitev, ne da bi sploh opazili, lahko spremenila v nekakšno terapijo za samopomoč, katere namen bi bil ohranjati umirjenost našega duha ali zagotoviti duši nekoliko prostora za samoto. V tem primeru, četudi bi šlo za cilj, ki je lahko pozitiven, molitev ne bi dosegla svoje glavne naloge: omogočiti tok pristnega prijateljskega stika s Kristusom, ki spreminja človekovo življenje.

Ta pomemben Jezusov nauk nam ponuja način, kako preveriti *stanje* naše molitve. Tako glavno merilo ne bo več občutje ali duhovno ugodje, ki ga doživljam pri svoji molitvi; tudi ne število sklepov, ki sem jih sposoben izoblikovati; pa tudi dosežena stopnja koncentracije ne bo odločilna. V nasprotju s tem bo o molitvi mogoče presoditi glede na stopnjo preoblikovanja, ki ga prinaša v moje življenje; v luči naraščajočega premagovanja neskladnosti med tem, kar verujemo, in tem, kar dejansko živimo.

Poistovetenje, ki se uresničuje v času

Prav sveti Pavel, ki mu je bila dana milost, da se je na poti v Damask srečal z vstalim Jezusom, v drugih besedilih jasno govori, kako dobro so se prvi kristjani zavedali, da je cilj molitve poistovetenje s Kristusom. Zato je kristjane v Filipih spodbujal, naj »to čutijo v sebi, kar je tudi v Kristusu Jezusu« (prim. Flp 2,5), in Korinčanom je naravnost dejal: »mi imamo Kristusov um« (prim. 1 Kor 2,16). Toda to, da imamo ista »čustva« in isti »um« kot Božji Sin, je nekaj, česar ni mogoče doseči zgolj z osebnim trudom ali z uporabo kake tehnike ali vaje. Gre za nekaj, kar je res posledica osebnega boja za to, da bi delali dobro, kot bi to na našem mestu delal Jezus, vendar se to uresničuje znotraj izkušnje občestva, značilne za ljubezen prijateljstva. Tako se s pomočjo milosti odpremo za preoblikovanje v skladu s tem, kar je lastno Kristusu.

Kolikor je poistovetenje s Kristusom kot sad molitve resnična posledica prijateljskega odnosa, je to nekaj postopno naraščajočega in zahteva čas. Zato je sv. Jožefmarija govoril, da Bog duše vodi kakor po klancu navzgor, jih korak za korakom obdeluje v njihovi notranjosti ter jim vliva željo in moč, da bi se na njegovo ljubezen odzivale vedno bolje: »Na tej tekmi ljubezni nas ne smejo užalostiti padci, tudi najgloblji ne, če se z obžalovanjem in dobrim sklepom obrnemo k Bogu pri zakramentu sprave. Kristjan ni obsedenec, ki bi skušal prikazati brezhibno kartoteko. Našega Gospoda Jezusa Kristusa zelo gane Janezova nedolžnost in zvestoba, po Petrovem padcu pa se razneži ob njegovem kesanju. Jezus razume našo krhkost in nas priteguje k sebi kot po klancu navzgor; želi si, da bi znali vztrajati v prizadevanju, da bi se povzpeli vsak dan malo više.«[1] Z upanjem nas navdaja zavedanje, da naša lastna beda – celo tisto, kar nas najbolj ponižuje – ni nepremagljiva ovira v ljubezni do Boga in na naši poti do popolnega poistovetenja z njim. Istočasno pa nas to tudi preseneča: Kako je mogoče, da je resničen tisti Pavlov vzklik, ki zagotavlja, da nas nič »ne bo moglo ločiti od božje ljubezni v Kristusu Jezusu, našem Gospodu« (Rim 8,39)?

Odgovor, ki ga celostno lahko zaznamo samo v molitvi, je v prvenstvu božje pobude: Bog je tisti, ki nas išče in nas privlači. Tega se je ganjen spominjal apostol Janez v poslednjih letih svojega življenja: »Ljubezen je v tem – ne v tem, da bi bili mi vzljubili Boga. On nas je vzljubil in poslal svojega Sina v spravno daritev za naše grehe« (1 Jn 4,10). Moliti torej pomeni zavedati se, da smo v dobrih rokah in da je naša, vselej nepopolna ljubezen zgolj odgovor na božjo ljubezen, ki naredi prvi korak, ki nas spremlja in nam sledi. Kontemplacija te ljubezni je največja spodbuda za vzpenjanje po klancu globokega poistovetenja z Jezusom Kristusom.

---

[1] Sv. Jožefmarija, *Jezus prihaja mimo*, št. 75.

Da bi vselej rasli v ljubezni

Krščansko življenje človeka spodbuja k osebnostni rasti. Zato se odziv na božjo ljubezen, h kateri stremimo v molitvi, običajno odraža v željah po poboljšanju, v trdni odločenosti, da bi odvrnili od sebe, kar nas odvrača od Kristusa. V tem je razlog, da so nas morda dokaj pogosto spodbujali k *spraševalni molitvi*, k prošnji za razsvetljenje, da bi zaznali, kar ne ustreza našemu položaju božjih otrok. Naučili smo se oblikovati konkretne sklepe, da bi ob pomoči božje milosti premagovali tisto, kar nas v našem življenju tudi v neznatni meri oddaljuje od njega.

Dobro vemo, da to *spraševanje* in ti *sklepi* niso način za to, da bi hoteli sami zase osvajati neke cilje, temveč gre za resnično človeško pot ljubezni: kdor si želi v vsem ugajati ljubljeni osebi, si prizadeva doseči najboljšo različico samega sebe. Vedoč, da nas Bog ljubi takšne, kakršni smo, si ga želimo ljubiti tako, kot si on zasluži. Zato se z zdravo mero naprezanja poskušamo vsak dan malo boriti. Nočemo podleči tako pogosti skušnjavi, da bi svoje šibkosti opravičevali in pri tem pozabljali, da nam je s svojo smrtjo in vstajenjem Kristus pridobil zadostno milost za premagovanje naših grehov.[2]

Ko je bil sv. Jožefmarija še mlad duhovnik, je od mnogih škofov prejemal prošnje, naj pridiga na dnevih duhovne obnove ali na duhovnih vajah. Takrat so mu nekateri očitali, da je pridigal »vaje o življenju, in ne o smrti«.[3] Navajeni so bili, da se v tistih dneh premišljuje predvsem o poslednji uri vsakega človeka, in bili so presenečeni, da je sv. Jožefmarija veliko govoril tudi o tem, kako dosledno živeti svojo poklicanost. Tu pride do izraza pomembna značilnost poslanstva Opus Dei: pomagati ljudem in jih učiti, kako naj *materializirajo duhovno življenje*, da se molitev ne bi sprevrgla v neko neodvisno in izolirano razsežnost človekovega življenja; oziroma, kot pravi sv. Jožefmarija, odvrniti ljudi »od skušnjave, tako pogoste takrat kot sedaj, da bi živeli nekakšno dvojno življenje: notranje življenje, življenje odnosa z Bogom na eni strani; na drugi pa od tega ločeno in drugačno družinsko, poklicno in družbeno življenje, polno drobnih zemeljskih stvarnosti«.[4]

Četudi med premišljevalno molitvijo božje ljubezni ne doživljamo vedno tudi s čuti – včasih jo gotovo bomo –, je v resnici vedno prisotna in

[2] Prim. Sv. Janez Pavel II., okr. *Veritatis splendor*, št. 102–103.
[3] Prim. Andrés Vázquez de Prada, *Ustanovitelj Opus Dei*, 2. knjiga, str. 610–615.
[4] Sv. Jožefmarija, *Pogovori*, št. 114.

dejavna. Če tej ljubezni dodamo še boj za to, kar nam Gospod nakaže, se bo naše življenje – naše misli, želje, nameni in dejanja – postopoma spreminjalo. Za druge bomo postali *Jezus, ki prihaja mimo, ipse Christus.*

Ljubiti Gospoda v bližnjem

Nekoč je neki pismouk vprašal Jezusa: »Učitelj, katera je največja zapoved v postavi?« Njegovega odgovora se dobro spominjamo: »Ljubi Gospoda, svojega Boga, z vsem srcem, z vso dušo in z vsem mišljenjem. To je največja in prva zapoved. Druga pa je njej podobna: Ljubi svojega bližnjega kakor samega sebe. Na teh dveh zapovedih stoji vsa postava in preroki« (Mt 22,36-38). Na ta način je Jezus v nekaj besedah enkrat za vselej izrazil vez med ljubeznijo do Boga in ljubeznijo do bližnjega. To je nauk, pri katerem je Gospod vztrajal vse do zadnjega trenutka, preden se je dokončno povzpel v nebesa. Tudi ko se Jezus po vstajenju sreča s Petrom na obali Galilejskega jezera, je njegov odgovor na obljubo ljubezni, ki mu jo zagotavlja prvi papež, nespremenljiv: »Pasi moje ovce!« (prim. Jn 21,15-17).

Končni razlog za enotnost obeh zapovedi in torej za potrebo, da se naučimo ljubiti Kristusa v drugih, je Jezus sam zelo odločno pojasnil v svojem opisu poslednje sodbe. Tam jasno pove, da je razlog v globoki povezanosti, ki jo je on vzpostavil z vsakim človekom: »Lačen sem bil in ste mi dali jesti, žejen sem bil in ste mi dali piti« (Mt 25,35). Kot uči drugi vatikanski koncil, se je »Božji Sin […] s svojim učlovečenjem na neki način združil z vsakim človekom«.[5] Nemogoče ga je ljubiti, ne da bi ljubili tudi svojega bližnjega, ne da bi se naučili ljubiti Njega tudi *v bližnjem*.

Molitev, kadar je pristna, nas vodi k skrbi za druge; za tiste, ki so nam najbližji, in za tiste, ki najbolj trpijo. Pripelje nas do tega, da znamo živeti z vsemi in da v svojih srcih naredimo prostor tudi za one, ki ne mislijo tako kot mi, ter s pogostimi dejanji služenja vedno iščemo njihov blagor. V njej najdemo moč za odpuščanje in luč, da bi bolje in konkretneje ljubili vse ljudi, presegli svojo sebičnost in udobje, brez strahu, da bi si pri tem na svet način otežili življenje. Kot nas spominja papež Frančišek, »je najboljši dokaz za prepoznavanje, ali je naša molitev pristna, opazovanje, koliko se naše življenje spreminja v luči usmiljenja«.[6] Pridobitev sočutnega in usmiljenega srca po meri Jezusovega, ki je popolna

---

[5] Drugi vatikanski koncil, konst. *Gaudium et spes*, št. 22.
[6] Frančišek, apost. spod. *Gaudete et exsultate*, št. 105.

podoba Očetovega srca, je končni sad našega molitvenega življenja ter zanesljivo znamenje našega poistovetenja s Kristusom.

11

DUŠE LITURGIČNE MOLITVE

MOLITI Z VSO CERKVIJO

Pisal se je mesec april 1936. V Španiji je vladala velika družbena napetost. Kljub temu so na Akademiji DYA poskušali ohraniti za študentski dom običajno vzdušje študija in sožitja. V tistih neobičajnih časih je neki stanovalec pisal svojim staršem in jim povedal, da so prejšnji dan ob pomoči učitelja vadili liturgično petje v vzdušju, ki se mu je vtisnilo v spomin kot nekaj zelo veselega.[1] S katerim namenom se je v tistem izrednem trenutku – razen tega, da so se drug ob drugem imeli lepo – trideset študentov v nedeljo zvečer zbralo na pevskih vajah?

Odgovor lahko najdemo nekaj mesecev prej, ko je sv. Jožefmarija v izobraževalni načrt akademije vključil ravno nekaj učnih ur gregorijanskega petja. Čeprav vemo, da je sv. Jožefmarija

---

[1] Prim. *Un estudiante en la Residencia DYA. Cartas de Emiliano Amann a su familia (1935–1936)*, v: *Studia et Documenta*, vol. 2, 2008, str. 343.

kot župnik v Perdigueri obhajal péto mašo, ta vključitev v učni načrt ni bila posledica osebnega nagnjenja. Prav tako ni šlo za strokovno zanimanje, ki bi bilo lahko posledica poznavanja in razvoja Liturgičnega gibanja v Španiji. Ta odločitev je bila predvsem plod njegove pastoralne izkušnje, pri čemer ga je gnala edinole želja, da bi tistim mladim pomagal postati *duše molitve*.

Zanimiv je neki detajl, povezan s tremi publikacijami, s katerimi se je sv. Jožefmarija ukvarjal v tridesetih letih 20. stoletja: vse so bile namenjene prav spodbujanju pogovora z Bogom, vsaka od njih pa je ustrezala enemu izmed treh vélikih izrazov krščanske molitve. Prva naj bi bila osredotočena na osebno meditacijo, druga bi spodbujala ljudsko pobožnost, zadnja pa naj bi bralca nagovarjala, da se poglobi v liturgično molitev. Plod prve pobude so bila *Duhovna premišljevanja*, ki so podlaga njegovega znanega dela *Pot*; druga pobuda se je izkristalizirala kot kratka knjižica *Sveti rožni venec*; kot tretjo pa je načrtoval knjigo z naslovom *Liturgične pobožnosti*. Čeprav je bila objava tega zadnjega dela napovedana za leto 1939, iz različnih razlogov ni nikoli ugledala luči sveta. Ohranjen pa je uvod, ki ga je napisal g. Félix Bilbao, škof v Tortosi, z naslovom

»Molite in molite dobro!«. V tem neobjavljenem besedilu bralce nagovarja, naj ob pomoči avtorja knjige vstopijo v liturgijo Cerkve, da bi prišli do »učinkovite, sočne in trdne molitve, ki jih bo tesno povezala z Bogom«.[2]

Naš glas v molitvi Cerkve

Za svetega Jožefmarija liturgija ni bila skupek predpisov, namenjenih le temu, da bi določeni obredi pridobili večjo slovesnost. Trpel je, kadar način obhajanja zakramentov in drugih liturgičnih dejanj ni bil resnično v službi srečanja človeka z Bogom in drugimi člani Cerkve. Nekoč, ko je prisostvoval bogoslužju, je zapisal: »Veliko duhovščine: nadškof, kanoniki, beneficiati, pevci, strežniki in ministranti … Razkošna mašna oblačila: svila, zlato, srebro, dragi kamni, čipke in žamet … Glasba, glasovi, umetnost … In … nobenega ljudstva! Veličastno bogoslužje brez ljudstva.«[3]

Ta skrb za *ljudstvo* pri bogoslužju je globoko teološka. Pri liturgičnih dejanjih Trojica stopa v stik s celotno Cerkvijo, in ne le s katerim izmed njenih članov. Ni naključje, da se večina misli,

---

[2] Splošni arhiv Prelature, 77-5-3.
[3] *Zasebni zapiski*, št. 1590, 26. 10. 1938. Citirano v: *Camino. Edición crítico-histórica*, Rialp, Madrid 2004, str. 677.

ki jih je sveti Jožefmarija v *Poti* posvetil liturgiji, nahaja v poglavju z naslovom *Cerkev*. Za ustanovitelja Opus Dei je bila liturgija najodličnejši kraj za doživljanje cerkvene razsežnosti krščanske molitve; v njej je otipljivo dejstvo, da se vsi skupaj obračamo k Bogu. Liturgična molitev, ki je sicer vedno osebna, odpira obzorja, ki okoliščine posameznika presegajo. Medtem ko smo v osebni meditaciji mi subjekt, ki govori, je v liturgiji subjekt celotna Cerkev. Če v dialogu z Bogom na samem govorimo mi kot udje Cerkve, pa je v liturgični molitvi Cerkev tista, ki govori po nas.

Zatorej je to, da se naučimo izrekati *mi* v liturgičnih molitvah, odlična šola za dopolnjevanje različnih razsežnosti našega odnosa z Bogom. Tam človek odkrije, da je eden izmed mnogih otrok te velike družine, ki je Cerkev. Zato ne preseneča jasen poziv svetega Jožefmarija: »Tvoja molitev naj bo liturgična. – Ko bi se le navdušil za branje psalmov in molitev iz misala, namesto za osebne in priložnostne molitve.«[4]

Ko se hočemo naučiti liturgične molitve, je potrebna ponižnost, da besede, ki jih bomo izrekli, sprejmemo od nekoga drugega. Prav tako je potrebna zbranost srca, da bi prepoznali in

---

[4] Sv. Jožefmarija, *Pot*, št. 86.

cenili vezi, ki nas združujejo z vsemi kristjani. V tem smislu je koristno razmišljati, da molimo v edinosti z ljudmi, ki so ta trenutek z nami, in tudi s tistimi, ki so odsotni; s kristjani naše države, sosednjih držav, vsega sveta … Molimo tudi skupaj s tistimi, ki so odšli pred nami in se očiščujejo ali že uživajo nebeško slavo. Liturgična molitev namreč ni anonimna formula, ampak se napolni »z obrazi in imeni«;[5] povezujemo se z vsemi konkretnimi osebami, ki so del našega življenja in ki tako kot mi živijo »v imenu Očeta in Sina in Svetega Duha«, soudeleženi v življenju Trojice.

Naše telo v molitvi Cerkve

Vemo, da za svetega Jožefmarija posvečevanje dela ni bilo na prvem mestu v tem, da bi *med* časom dela vsake toliko vrinili kakšno molitev, ampak predvsem v tem, da bi v molitev spreminjali našo dejavnost sámo, in sicer tako, da jo skušamo opravljati v božjo slavo, si prizadevamo za človeško popolnost in se zavedamo, da nas ljubeče gleda naš nebeški Oče. Podobno tudi liturgična molitev ni predvsem izrekanje molitev *med* liturgičnimi dejanji, ampak je v prizadevanju, da ta

---

[5] Frančišek, apost. spod. *Evangelii gaudium*, št. 274.

obredna dejanja opravljamo *digne, attente ac devote,* dostojno, pozorno in pobožno, kot si takšna dejanja zaslužijo, tako da smo navzoči v tem, kar se tam uresničuje. To niso zgolj priložnosti za posameznikova dejanja vere, upanja in ljubezni, ampak so dejanja, *po katerih* celotna Cerkev izraža svojo vero, svoje upanje in svojo ljubezen.

Sv. Jožefmarija je velik pomen pripisoval tej *sposobnosti, kako biti navzoč* pri različnih bogoslužnih dejanjih, tej *oliki pri pobožnosti.* Dostojanstvo, ki ga zahteva liturgična molitev, ima veliko opraviti z obvladovanjem lastnega telesa, saj se v nekem smislu v njem najprej pokaže, kaj želimo storiti. Obhajanje svete maše, spoved, blagoslov z najsvetejšim zakramentom vključujejo različna gibanja osebe, saj gre za molitev v dejanju. Liturgična molitev je torej tudi telesna molitev. Še več, pomeni, da se naučimo molitev Cerkve uresničevati s svojim telesom tukaj in zdaj. In čeprav je pogosto naloga duhovnika, da svoj glas in roke preda Kristusu Glavi, pa je zbrano ljudstvo tisto, ki daje glas in vidnost celotnemu Kristusovemu skrivnostnemu telesu. Zavedanje, da se po nas vidi in sliši molitev svetih in duš v vicah, je dobra spodbuda za to, da poskrbimo za *oliko pri pobožnosti.*

Razen dostojnosti zahteva liturgična molitev tudi pozornost. V tem smislu bi lahko rekli, da je poleg osredotočanja na besede, ki jih izgovarjamo, pomembno čim globlje doživeti trenutek, v katerem se nahajamo: da jasno vemo, s kom smo, zakaj in s katerim namenom. Za to zavedanje je potrebna predhodna priprava, ki jo je vedno mogoče izboljšati. Rečeno z besedami svetega Jožefmarija: »Počasi. – Pazi, kaj praviš, kdo govori in komu. – Kajti to hitro govorjenje, brez časa za premislek, je hrup, ropotanje praznih pločevink. In skupaj s sveto Terezijo ti bom rekel, da tega ne imenujem molitev, če še tako premikaš ustnice.«[6]

Srečanje z vsako od oseb Svete Trojice

Kljub neizogibnim motnjam, ki so posledica naše šibkosti, smo v liturgični molitvi udeleženi pri skrivnostnem, a resničnem srečanju celotne Cerkve s tremi osebami Svete Trojice. Zato se naše notranje življenje obogati, če se naučimo razlikovati, kdaj se obračamo k Očetu, kdaj k Sinu in kdaj k Svetemu Duhu. V splošnem nas liturgija postavlja pred Boga Očeta z njegovimi značilnimi potezami, čeprav ga pogosto nagovarjamo enostavno z »Bog« ali »Gospod«. On je vir

---

[6] Sv. Jožefmarija, *Pot*, št. 85.

in izvor vseh blagoslovov, ki jih Trojica razliva na ta svet, in k njemu se po njegovem Sinu vračajo vse hvalnice, ki so jih ustvarjena bitja zmožna izraziti.

Kar namreč govorimo Očetu, govorimo *po* Jezusu, ki se ne nahaja *pred nami*, ampak je *z nami*. Večna Beseda se je utelesila, da bi nas vodila k Očetu, zato nas navzočnost njega kot brata, ki je ob nas in pozna našo šibkost ter se je ne sramuje, navdaja s tolažbo in drznostjo. Poleg tega se liturgična molitev kot javna molitev Cerkve rodi iz Jezusove molitve. To ni le nadaljevanje njegove molitve iz časa, ko je bil na zemlji, temveč je tudi izraz njegovega posredovanja za nas v nebesih (prim. Heb 7,25). Včasih najdemo tudi molitve, ki so naslovljene neposredno na Jezusa in usmerjajo naš pogled na Sina kot Odrešenika. Na podlagi vsega tega je liturgična molitev izvrsten način, da svoje srce uglasimo po duhovniškem srcu Jezusa Kristusa.

Molitev, ki je po Sinu usmerjena k Očetu, pa se udejanja v Svetem Duhu. Zavedanje o navzočnosti tretje osebe Svete Trojice pri liturgični molitvi je velik božji dar. Veliki Neznanec, kot ga je imenoval sv. Jožefmarija, je navzven neopazen kakor svetloba ali zrak, ki ga dihamo. Vendar

vemo, da brez svetlobe ne bi videli ničesar in da
bi se brez zraka zadušili. Na podoben način Sveti
Duh deluje tudi v liturgičnem dialogu. Čeprav
ga pri liturgiji ponavadi ne nagovarjamo nepos-
redno, vemo, da prebiva v nas in da nas z neiz-
rekljivimi vzdihi spodbuja, da se obračamo na
Očeta z besedami, ki nas jih je naučil Jezus. Nje-
govo delovanje se torej javlja posredno. Bolj kot
v besedah, ki jih izrekamo, ali v tem, komu jih
govorimo, se Duh kaže v načinu, kako jih izgo-
varjamo: navzoč je v vzdihih, ki se spreminjajo v
pesem, in v trenutkih tišine, ki Bogu dopuščajo,
da deluje v notranjosti našega bitja.

Tako kot pojav vetra opazimo po predmetih,
ki jih spravi v gibanje, lahko zaznamo tudi nav-
zočnost Svetega Duha, ko izkusimo učinke nje-
govega delovanja. Na primer, prvi učinek njego-
vega delovanja je, ko se zavemo, da molimo kot
božje hčere in sinovi v Cerkvi. Doživljamo ga
tudi, ko povzroči, da božja beseda v nas odmeva
ne kot človeška, marveč kot Očetova beseda, na-
menjena vsakomur izmed nas. Sveti Duh se kaže
predvsem v nežnosti in velikodušnosti, s katero
se nam Oče in Sin razdajata, ko nam pri liturgič-
nem slavju odpuščata, nas razsvetljujeta, krepita
ali nam naklanjata posebne darove.

Končno je delovanje Svetega Duha nadvse globoko in nujno, saj je on tisti, ki omogoča, da je liturgično dejanje prava *kontemplacija* Trojice, ki nam daje videti celotno Cerkev in Jezusa samega, čeprav nam čuti sporočajo kaj drugega. Sveti Duh nam razkriva, da biti duša liturgične molitve ne pomeni formalnega izgovarjanja določenih besed ali izvrševanja nekih zunanjih gibov, ampak ljubezen, s katero si iskreno želimo služiti in biti služenja deležni. Sveti Duh nas naredi deležne njegove osebne skrivnosti, ko se naučimo uživati v Bogu, ki se poniža, da bi nam služil, tako da bi potem mi sami mogli služiti drugim.

»Doživel sem evangelij«

Ni presenetljivo, da je eden od izrazov, ki se v Svetem pismu in cerkvenem izročilu najpogosteje uporablja za liturgična dejanja, izraz *služenje* (bogoslužje). Odkrivanje te razsežnosti služenja v liturgični molitvi ima številne posledice za notranje življenje. Ne le zato, ker tisti, ki služijo iz ljubezni, sebe ne postavljajo v središče, ampak tudi zato, ker je razumevanje liturgije kot služenje ključ do tega, da jo spremenimo v življenje. Morda se zdi protislovno, vendar lahko v številnih molitvah znotraj liturgičnih besedil najdemo poziv, naj v običajnem življenju *posnemamo*, kar smo obhajali. To povabilo ne pomeni, da bi morali liturgični jezik razširiti na naše družinske in poklicne odnose. Pomeni pa, da iz tega, kar smo pri obredu mogli premišljevati in doživeti, naredimo *program življenja.*[7] Zato je sv. Jožefmarija večkrat, ko je opazoval božje delovanje v svojem dnevu, vzkliknil: »Resnično sem živel evangelij današnjega dne.«[8]

Da bi *živeli* dnevno liturgijo in tako spremenili svoj dan v služenje, v *štiriindvajseturno mašo*, je treba o naših osebnih okoliščinah premišljevati v luči tega, kar smo obhajali. Pri tej nalogi je osebna meditacija nenadomestljiva. Sveti Jožefmarija si je navadno beležil besede ali izraze, ki so ga presenetili med obhajanjem svete maše ali pri molitvenem bogoslužju, nekega dne pa je zapisal: »Odslej, ne bom več zapisoval psalmov, saj bi jih moral zapisati prav vse, kajti v psalmih ni najti drugega kot čudesa, ki jih duša vidi, ko se izkazuje služenje Bogu.«[9] Res je, da je liturgična molitev vir osebne molitve, vendar je prav tako res, da je brez meditacije zelo težko *osebno usvojiti* bogastvo liturgične molitve.

---

[7] Prim. sv. Jožefmarija, *Jezus prihaja mimo*, št. 88.

[8] *Zvezek IV*, št. 416, 26. 11. 1931, v: *Camino. Edición crítico-histórica*, str. 298.

[9] *Zvezek V*, št. 681, 3. 4. 1932, v: *Camino. Edición crítico-histórica*, str. 297.

V tišini, ko smo na samem z Bogom, dobijo obrazci liturgičnih molitev marsikdaj posebej intimno in osebno moč. V tem smislu je pomenljiv zgled svete Marije, ki nas uči: da bi se uresničil liturgični *fiat* – zgôdi se –, da bi ga mogli spreminjati v služenje, si je treba vzeti čas in vse to osebno shraniti »v svojem srcu« (Lk 2,19).

12

NE PREMIŠLJEVANJE, AMPAK GLEDANJE!

KONTEMPLATIVNA MOLITEV

Katero je danes s političnega in gospodarskega vidika tretje najpomembnejše mesto na svetu …? V prvih stoletjih je to bila Antiohija, prestolnica ene izmed rimskih provinc. Vemo, da je bil izraz »kristjani« (Apd 11,26) skovan ravno tam in je označeval ljudi, ki so sledili Jezusovemu nauku. Tretji škof v tem mestu je bil sveti Ignacij, ki so ga za časa cesarja Trajana obsodili na smrt ter ga po kopnem odpeljali do obale pri Selevkiji, na jugu današnje Turčije, nato pa po morju v Rim. Na poti so se ustavili v več pristaniščih. V vsakem kraju je sprejemal tamkajšnje kristjane in izkoristil priložnost za to, da je pošiljal pisma različnim krščanskim skupnostim: »Vsem Cerkvam pišem in vsem naročam, da rad umrem za Boga.«[1] Svetemu

---

[1] Sv. Ignacij Antiohijski, *Pismo Rimljanom*, št. 4, 1; v: *Spisi apostolskih očetov*, Mohorjeva družba, Celje 1996, str. 153.

škofu Ignaciju je bilo jasno, da bodo divje zveri v Flavijskem amfiteatru – danes znanem pod imenom rimski Kolosej – pomenile konec njegovega bivanja na zemlji, zato je svoje bralce nenehno prosil, naj molijo za njegov pogum. Večkrat pa smo v njegovih pismih priča tudi globinam njegove duše, njegovi želji, da bi se dokončno združil z Bogom: »V meni ni ognja, ki ljubi snov: v meni je živa in govoreča voda, ki mi od znotraj govori: Semkaj k Očetu!«[2]

Rastlina s koreninami v nebesih

Tisto šepetanje Ignacija Antiohijskega – *semkaj k Očetu, pridi k Očetu* –, ki je bržčas bilo gonilo njegovega pobožnostnega in zakramentalnega življenja, je v resnici nadnaravno dozorevanje neke naravne želje po združenju z Bogom, ki jo v sebi nosimo vsi ljudje. Že starogrški filozofi so v naši notranjosti prepoznali hrepenenje po božanskem, domotožje po naši pravi domovini, »saj nismo zemeljska, temveč nebeška rastlina«.[3] Benedikt XVI. se je na prvi avdienci iz cikla svojih katehez o molitvi prav tako ozrl nazaj, v stari Egipt, Mezopotamijo, h grškim filozofom

---

[2] Prav tam, št. 7, 2.
[3] Platon, *Timaj*, 90a, Kud Logos, Ljubljana 2009, str. 1309.

in dramatikom ter k rimskim piscem; vse kulture pričajo o želji po Bogu: »Enako kot jamski človek išče tudi digitalni človek v verski izkušnji pot, da bi presegel svojo končnost in vnesel gotovost v svojo negotovo zemeljsko pustolovščino [...]. Človek v sebi nosi žejo po neskončnem, nostalgijo večnosti, iskanje lepote, željo po ljubezni, potrebo po luči in resnici, ki ga ženejo v smeri Absolutnega.«[4]

Pravijo, da je ena najpogostejših težav te *negotove zemeljske pustolovščine* našega časa notranja razdrobljenost, do katere včasih prihaja celo nezavedno: doživljamo nasprotja med tem, kar hočemo, in tem, kar počnemo; v sebi vidimo stvari, ki niso harmonično povezane; zgodbe svojega življenja ne gradimo kot neprekinjeno nit med našo preteklostjo in prihodnostjo; nekako ne uvidimo, kako naj bi se z leti pridobljene ideje in občutki, ki jih doživljamo, sestavili v celoto … Morda v različnih okoliščinah dopuščamo več različic samega sebe. Včasih nam ne uspe niti to, da bi se posvetili izključno enemu samemu opravilu. Na vseh teh področjih hrepenimo po tisti enotnosti, ki je, kot se zdi, ne moremo *izdelati* tako kot druge stvari.

---

[4] Benedikt XVI., Avdienca, 11. 5. 2011.

»Ali ni morda eno izmed *znamenj časa*, ki jih kljub obsežnemu procesu razkristjanjenja opazimo danes v svetu, povečana zahteva po duhovnosti, ki se v veliki meri izraža prav v obnovljeni potrebi po molitvi?«[5] se je ob začetku našega tisočletja spraševal sveti Janez Pavel II. Vsekakor je videti, da se pojavljajo številne pobude, tako v živo kot na spletu, katerih namen je visoko ceniti našo sposobnost zunanje in notranje tišine, poslušanja, koncentracije, harmonije med telesom in duhom. Vse to nam seveda lahko prinese nekaj naravne spokojnosti. Toda krščanska molitev nam ponuja mir, ki ni le prehodno ravnovesje, ampak je sad celostnega dojemanja življenja, ki izhaja iz globokega odnosa z Bogom; krščanska molitev je dar in v nas razvija nov pogled na stvarnost, ki v njem združuje vse. »Gre bolj za notranjo držo kot pa za vrsto praks in formul; bolj za način, kako biti blizu Bogu, kot pa za opravljanje bogoslužnih dejanj ali izgovarjanje besed.«[6] Ta *notranja drža*, ta način, kako biti v Gospodovi bližini, gotovo ne nastane kar čez noč in brez naše priprave na to, da bi nam jo Bog lahko podaril: je dar, pa tudi naloga.

---

[5] Sv. Janez Pavel II., apost. pismo *Novo Millennio Ineunte*, št. 33.
[6] Benedikt XVI., Avdienca, 11. 5. 2011.

Oči duše, ki misli na večnost

V homiliji *Na poti k svetosti* iz leta 1967 nam sv. Jožefmarija na kratko oriše pot molitvenega življenja.[7] Moliti začnemo, nam pravi, s preprostimi, kratkimi molitvami, ki smo se jih verjetno naučili na pamet že v otroštvu; nato odkrijemo prijateljstvo z Jezusom, v katerem se učimo vstopiti v njegovo trpljenje, smrt in vstajenje ter želimo njegov nauk vzeti za svojega; zatem srce začuti potrebo po razlikovanju med tremi božjimi osebami in po stiku z vsako od njih, dokler to polagoma ne zapolni vsega našega dneva. Tedaj pa ustanovitelj Opus Dei opiše stopnjo, ki ustreza kontemplativnemu življenju: nastopi trenutek, ko se »gibljemo v tem bistrem obilju svežih vrelcev, ki tečejo v večno življenje. Besede so odveč, ker se jezik ne zmore več izražati; tudi um se umiri. Ni premišljevanja, ampak gledanje!«[8] Na neki točki tega popotovanja se lahko vprašamo: Kakšna je povezava med molitvijo in večnim življenjem? V katerem smislu molitev postane *pogled*, namesto da bi bila sestavljena iz besed?

Z molitvijo stremimo k temu, da bi tukaj in zdaj videli stvari tako, kot jih vidi Bog; da bi z

---

[7] Prim. sv. Jožefmarija, *Božji prijatelji*, št. 306.

[8] Sv. Jožefmarija, *Božji prijatelji*, št. 307.

enostavno intuicijo, ki izvira iz ljubezni,[9] doume-
li, kaj se dogaja okoli nas. To je njen največji sad
in zato pravimo, da nas preoblikuje. Ne pomaga
nam le spreminjati določena vedênja ali prema-
govati določene pomanjkljivosti; krščanska mo-
litev je usmerjena predvsem v to, da nas združi
z Bogom in tako naš pogled postopoma priliči
božjemu pogledu, začenši že tukaj na zemlji; na
neki način skušamo svoje oči ozdraviti z njegovo
lučjo. Ta ljubezenski odnos z Bogom, ki se ga
učimo in uresničujemo v Jezusu, ni nekaj, kar
preprosto *počnemo*, temveč nekaj, kar spreminja
to, kar *smo*.

Takšna osebna preobrazba prinaša nekatere
posledice za naš način interakcije s stvarnostjo,
ki so lahko tudi zelo praktične. Ko z božjo po-
močjo v sebi razvijemo ta nadnaravni pogled,
nas to na primer vodi k odkrivanju dobrega, ki je
skrito v celotnem stvarstvu, tudi tam, kjer misli-
mo, da ga ni, kajti nič ni izključeno iz njegovega
načrta ljubezni, ki je vedno močnejši od drugih
dejavnikov. Vodi nas k temu, da na nov način ce-
nimo svobodo drugih ter se znebimo skušnjave,
da bi odločali namesto njih, kakor da bi bila od
naših dejanj odvisna usoda vsega. Prav tako bolje

---

[9] Tomistično pojmovanje kontemplacije je: *simplex intuitus veritatis ex caritate procedens.*

razumemo, da ima božje delovanje svoj potek in čas, ki ga ne smemo in ne moremo nadzorovati. Kontemplativna molitev nas navaja, da nismo obsedeni z željo po takojšnjem reševanju problemov in da smo namesto tega bolj pripravljeni odkrivati luč v vsem, kar nas obdaja, tudi v ranah in slabostih našega sveta. Ko se trudimo gledati z božjimi očmi, nas to osvobaja nasilnega odnosa do stvarnosti in do ljudi, saj si prizadevamo biti v sozvočju z njegovo vsemogočno ljubeznijo, namesto da bi jo ovirali s svojimi nerodnimi ukrepi. Sveti Tomaž Akvinski trdi, da bo »kontemplacija popolna v prihodnjem življenju, ko bomo gledali Boga iz obličja v obličje (1 Kor 13,12) in nas bo to popolnoma osrečilo«.[10] Moč molitve je v tem, da smo tega gledanja Boga lahko deležni že tukaj na zemlji, čeprav je to še vedno kakor »v ogledalu« (1 Kor 13,12).

Leta 1972 je na nekem srečanju na Portugalskem nekdo vprašal svetega Jožefmarija, kako se je mogoče po krščansko spoprijemati z vsakdanjimi težavami. Ustanovitelj Opus Dei je med drugim poudaril, da nam molitveno življenje pomaga, da na stvari gledamo drugače, kot bi nanje gledali brez te globoke povezanosti z Bogom:

---

[10] Sv. Tomaž Akvinski, *Summa Theologiae*, II-II, c. 180, a. 4.

»Imamo merilo drugačnega kova; na stvari gleda-
mo z očmi duše, ki misli na večnost in na božjo
ljubezen, ki je prav tako večna.«[11] Ob neki drugi
priložnosti je dejal, da je način, kako doseči srečo
v nebesih, tesno povezan z načinom, kako biti
srečen na zemlji.[12] Bizantinski teolog iz 14. sto-
letja je zapisal nekaj podobnega: »Ni nam dano
samo to, da se naravnamo in pripravimo na Živ-
ljenje, ampak ga smemo živeti in že sedaj ravnati
skladno z njim.«[13]

Tišina ... Mir ... Globoko življenje

Katekizem Katoliške cerkve nas na začetku po-
glavja o molitvi preseneti z vprašanjem, ki učin-
kuje kot nenehno spraševanje vesti: »Od kod go-
vorimo, ko molimo? Z višine našega napuha in
naše samovoljnosti ali iz 'globočine' (Ps 130,14)
ponižnega in skesanega srca? Kdor se ponižuje,
je povišan (prim. Lk 18,9-14).« Takoj zatem pa
nas spomni, na ključni predpogoj: »Ponižnost
je temelj molitve.«[14] Dejansko lahko tisti *pogled
večnosti*, ki ga v nas rodi kontemplativna moli-
tev, raste edinole na rodovitni zemlji ponižnosti,

---

[11] Sv. Jožefmarija, Zapiski z družinskega srečanja, 4. 11. 1972.
[12] Prim. sv. Jožefmarija, *Kovačnica*, št. 1005.
[13] Nikolaj Kabasilas, *La vida en Cristo*, Rialp, Madrid 1958, str. 89.
[14] *Katekizem Katoliške cerkve*, št. 2559.

v vzdušju odprtosti za božje rešitve namesto zgolj naših receptov. Včasih nas lahko prekomerno zaupanje v naš lastni razum in v naše načrtovanje privede do tega, da v praksi živimo, kot da Bog ne bi obstajal. Vedno znova potrebujemo novo ponižnost ob soočenju z resničnostjo, z osebami, z zgodovino, ki je rodovitna zemlja za božje delovanje. Papež Frančišek se je med svojo katehezo o molitvi oprl na izkušnjo kralja Davida: »Svet, kot ga gledajo njegove oči, ni nemi prizor: v ozadju dogodkov njegov pogled zaznava neko večjo skrivnost. Molitev se rodi prav iz tega: iz prepričanja, da življenje ni nekaj, kar drsi mimo nas, ampak da je čudovita skrivnost.«[15]

Ko bomo torej deležni pogleda, ki nam ga ponuja kontemplacija sredi sveta, bomo v največji možni meri potešili svoje hrepenenje po enotnosti: z Bogom, z drugimi in znotraj samega sebe. Presenečeni bomo nad spoznanjem, da neutrudno delamo za blagor drugih in Cerkve ter da naši talenti uspevajo »kakor drevo, zasajeno ob vodnih strugah, ki daje svoj sad ob svojem času« (Ps 1,3). Okusili bomo delček tiste harmonije, h kateri je usmerjena naša pot. Uživali bomo v tistem miru, ki ga ne moremo najti nikjer drugje.

---

[15] Frančišek, Avdienca, 24. 6. 2020.

»Dirjati, dirjati! … Delati, delati! … Vročično, noro delovanje … […] Vsi ti pri svojem delu vidijo le sedanjost: vedno *so* le *v sedanjosti*. – Ti … pa moraš gledati na stvari z očmi večnosti in imeti pred očmi prihodnost ter preteklost … Tišina. – Mir. – V tebi pa globoko notranje življenje.«[16]

---

[16] Sv. Jožefmarija, *Pot*, št. 837.

Rubén Herce (ur.)
SPOZNAVATI NJEGA IN SEBE
Osebna molitev: kraj srečevanja z Bogom, ki nam je blizu

Naslov izvirnika
Conocerle y conocerte
La oración personal, lugar de encuentro con el Dios cercano

Avtorji posameznih poglavij
1. Beseda, ki Jezusu ukrade srce – Diego Zalbidea
2. Jezusov zgled – Nicolás Álvarez de las Asturias
3. V družbi svetnikov – Carlo de Marchi
4. Ko znamo prisluhniti – Jorge Mario Jaramillo
5. Kako nam Bog govori – José Brage
6. Iskanje povezave – José Manuel Antuña
7. Ob pravem času – Rubén Herce
8. Ne boj se, saj sem jaz s teboj – Jon Borobia
9. Jezus je zelo blizu – Lucas Buch
10. Vi ste Kristusovo pismo – Nicolás Álvarez de las Asturias
11. Duše liturgične molitve – Juan Rego
12. Ne premišljevanje, ampak gledanje! – Andrés Cárdenas Matute

Prevod
Aleš Štampfl

Herstellung und Verlag:
BoD – Books on Demand,
Norderstedt
Slika na naslovnici: Cathopic

*Vsebina te knjige je dostopna tudi na spletni strani
opusdei.org
v razdelku Krščansko življenje.*

ISBN 9783744889384